MW01277794

문제해결력, 추론 능력, 의사소통 능력을 강

수학++도둑 41

- **1판 1쇄 인쇄** | 2014년 7월 7일
- **1판 1쇄 발행** | 2014년 7월 20일
- **글** | 동암 송도수
- **그림** | 서정 엔터테인먼트
- **콘텐츠·감수** | 여운방
- **발행인** | 이정식
- **편집인** | 최원영
- **편집** | 이은정, 이희진, 박수정, 박주현, 오혜환
- **디자인** | 김가희
- **출판영업 담당** | 홍성현, 김재연
- **제작담당** | 이수행, 김석성
- **발행처** | 서울문화사
- **등록일** | 1988. 2. 16
- **등록번호** | 제2-484
- **주소** | 140-737 서울특별시 용산구 새창로 221-19(한강로2가)
- **전화** | 02-7910-754(판매) 02-7999-196(편집)
- **팩스** | 02-7494-079(판매) 02-7999-334(편집)
- **출력** | 지에스테크
- **인쇄처** | 서울교육

ISBN 978-89-263-9765-7
978-89-532-9068-6 (세트)

머리말

여러분의 친구이며 스토리텔링 수학의 선구자인 〈수학도둑〉이 시즌2를 맞이하여 더욱 깊이 있고 재미있는 콘텐츠로 함께하겠습니다.

〈수학도둑〉 시즌2에서는 기존에 익혀 왔던 '개념이해력', '수리계산력', '원리응용력', '창의사고력', '의사소통력', '시스템적 사고력'을 넘어 우리 생활 주변의 여러 가지 현상을 수학적으로 관찰하고 해석하는 능력을 기르는 방법과 수리·논리적 사고를 통하여 문제를 합리적으로 해결하는 태도를 키우는 학습까지 할 수 있도록 구성하였습니다.

심화된 학습 내용으로는 **역사 속의 이야기**와 더불어 **실생활 속에 숨겨진 수학 개념과 원리**를 이야기로 들려 드립니다. 역사 속 수학자들, 생활 속에 숨겨진 수학적 요소 등을 질문과 답변을 통해 함께 학습하면서 〈수학도둑〉 시즌1에서 배운 내용을 다시 한 번 탄탄하게 다지는 기회가 될 것입니다.

〈워크북〉에서는 수학적 호기심과 관찰력을 키울 수 있는 **토론식 주제**를 비롯하여 본문에서 제시한 이야기들과 관련된 의문점 또는 생활 속에서 나타나는 의문점 등을 함께 생각해 볼 수 있도록 만들었습니다.

많은 호응과 격려의 메시지를 보내 주신 독자 여러분께 진심으로 감사 드리며, 〈수학도둑〉 시즌2에서 한층 더 재미있고 유익한 콘텐츠로 보답할 것을 약속드립니다.

자, 그럼 한층 업그레이드된 〈수학도둑〉의 재미 속으로 함께 빠져 볼까요?

여운방

등장인물

 ## 도도

친구들과 함께 친위대장을 물리치고
노바 성으로 돌아온 도도. 이데아에게
구박을 받아도 니힐에 대한 자신의 생각을
끝까지 밀어붙인다.

엔젤릭 버스터(티어)

엉뚱 발랄한 성격이자 최고의 의리녀인 노바 가문의 수장.
〈엔젤릭 데이〉에서 천사 분장을 하고 탤리 시민들에게
인사해야 하는 막중한 책임을 맡고 있다.

 ## 카이저 (카일)

오안네스에게만큼은 폭풍 카리스마를 뿜어내는
나쁜 남자. 오안네스에게 해야 할 말을 마음속에
간직한 채 노바 성으로 돌아온 뒤 기회를 엿보고 있다.

오안네스

거짓말한 카일을 미워했지만 그의 매력에서 벗어나지
못하는 인어 오안네스. 카일에 대한 믿음으로
이데아 구출작전에 함께한 뒤 노바 성에 머무르고 있다.

 ## 크리스티나

마법사 이마고를 통해 매그너스의 존재를 안 뒤 그를 찾아 나선 마법사. 뛰어난 마법력과 교활한 마음씨로 벨데로스와 돌담을 좌지우지한다.

벨데로스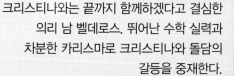

크리스티나와는 끝까지 함께하겠다고 결심한 의리 남 벨데로스. 뛰어난 수학 실력과 차분한 카리스마로 크리스티나와 돌담의 갈등을 중재한다.

 ## 매그너스

무엇이든 자신의 뜻대로 움직이려 하는 마계공작 매그너스. 깨어나자마자 처음 본 크리스티나에게 씻을 수 없는 상처를 준다.

지난 줄거리

이데아를 무사히 구한 카일, 티어, 오안네스는 내친 김에 여제로 변신한 친위대장까지 소탕할 작전을 펼치고, 니힐은 자신이 빠져나가기 위해 도도와 팽팽한 결투를 벌이지만 이데아의 위험을 감지한 뒤 도도에게 순간 이동 열쇠를 준다. 친위대장의 힘에 밀리던 일행은 니힐의 희생으로 무사히 빠져나오는데…!

차례

🌸 **특별부록 | 수학도둑 워크북** 문제, 퀴즈, 정답 및 본문 캐릭터 퀴즈 해설 수록

마계공작의 부활

우리 고향에서는 까마귀 떼가 하늘을 덮으면 불길한 일이 생긴다고 했는데…

딱 들어맞네요!

마계공작 매그너스를 깨우러 가니까 불길한 일이 시작된 거죠~!

무슨 소리야? 경사 중의 초대박 경사지!

크리스티나 님은 매그너스를 깨우는 게 정말 좋은 일이라고 믿나요?

당연하죠! 세상을 지배할 힘을 받을 수 있잖아요!

대체 세상을 지배해서 뭘 하려고 그러지?

*적재량 : 어떤 운송 수단의 짐칸에 실을 수 있는 분량.

이게 무슨 뜻이죠?

오잉?

200kg까지 실을 수 있다는 뜻이야. 더 실으면 가라앉고.

내 몸무게가 딱 200kg인데 어떡하죠?

비행 기능이 아니라 글라이더 기능이거든요!

그게 그거지…

너는 비행 기능으로 날아서 건너! 나랑 벨데로스 님이 배를 타고 갈게.

직선 l과 m이 평행하면 $l \perp m$과 같이 나타냅니다.

정답   X (해설은 워크북 6쪽)

크리스티나 님, 이제 내려요.

어디 가요?

돌담 데리고 와야죠.

벨데로스 님~!

 정답   O (해설은 워크북 6쪽)

*김칫돌 : 김칫독 안의 김치 포기를 눌러놓는 넓적한 돌.

우리 준서는 〈수학도둑〉 뿐만 아니라 다른 도둑 시리즈로도 공부에 많은 도움을 받고 있습니다. 사는 곳이
지방 소도시라 사교육의 혜택도 적은 편인데 이번에 나름 인지도 있는 수학경시대회에서 입상도 했어요.
아이의 학습 흥미를 올려 준 〈수학도둑〉 정말 고맙습니다. (윤준서 어린이 어머니 | 경상북도 안동시)

무거운 노 젓느라 힘들었죠?

게다가 내 말이라면 꼼짝 못하니 이만한 일꾼을 어디서 구하겠어?

거의 다 왔어요~! 저 숲만 지나면 마계공작 매그너스 님이 잠든 곳이라고요!

우리 도망가요!! 마계공작인지 뭔지 깨어나는 거 정말 무서워요!!

크리스티나 님을 배신할 수는 없어.

고운이가 수학을 어려워했는데 〈수학도둑〉을 구독한 뒤로 수학이 쉽다고 하고, 이번 중간고사 때 1등을 했습니다. 〈수학도둑〉 덕분이에요~! (장고운 어린이 어머니 | 전라남도 여수시)

음산...

헉 헉

헉 헉

우리 지금 제대로 가는 거 맞아요?

째릿

그걸 말이라고 해? 여기 적혀 있는 대로 가고 있잖아!

여긴 꼭 괴물이 나올 것 같아요.

부들 부들

괴물은 네가 괴물이고!

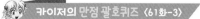
다각형에서 모든 대각선이 그 내부에 포함되면 (㉠)다각형,
그렇지 않으면 (㉡)다각형이 됩니다.

그곳은 저주받은 마을이여! 악마가 잠들어 있다지 아마! 주민들은 모두 죽거나 도망쳐서 텅 비어 있는데 거긴 뭐 하러 간다는거?

소곤 소곤

제대로 찾아왔다!

야호~

저희가 찾는 분이 그 악마, 마계공작 매그너스 님이거든요. 이 길로 곧장 가면 되는 거죠?

후훗

덜덜

히이이익

 엔젤릭버스터의 짤막서술퀴즈 ⟨61화-4⟩

'도형'과 '기하'에 대해 짤막하게 서술해 보세요.

 점, 선, 면, 각 또는 이들이 모여서 이루어진 모양을 도형이라 부르는데, 2차원의 평면도형과 3차원 공간도형이 있습니다. 도형에 관한 정의, 공리, 정리 등을 포함한 여러 성질을 연구하는 학문이 기하입니다. (해설은 워크북 6쪽)

돌담, 숲에 가서 꽃 한 송이만 꺾어 와.

꽃은 왜요?

시키는 대로 좀 해!

버럭

벨데로스 님, 무서우니까 같이 가요.

알았어….

잠시 후

저벅

저벅

두 두 두

크리스티나 님
뭐 해요?

화장이요.

화장은 왜…?

쥐 잡아먹은
입술 같네.

매그너스 님께
잘 보이려고요~.
내 미모로 그분의 마음을
확 사로잡겠어요!

자기가 엄청
예쁜 줄 아나 봐.
진짜 어이없네.

꽃!

저 어때요?
예쁘죠?

아, 네…

내가 보기엔
미친 여자…?!

의식은
내일 이맘때쯤 끝날 거예요.
우리 모두 경건한 마음으로
그분의 부활을
기다리도록 해요.

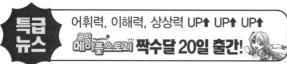

생활 속의 수학과
스토리텔링을 강화한

1 평면에서 도형 사이의 관계는?

영역 도형 **능력** 개념이해력

이번에는 평면 위에서, 도형을 나타내는 방법과 도형들 사이의 관계를 어떻게 표현하는지 알아보아요.

평면 위에서 두 직선은 한 점에서 만나거나, 만나지 않거나, 일치합니다. 두 직선이 한 점에서 만나 이루는 교각이 직각일 때 두 직선은 서로 **수직**(垂直, perpendicularity)이라고 합니다. 이때, 한 직선을 다른 직선의 **수선**(垂線, perpendicular line)이라고 부르지요. 오른쪽 그림과 같이 수직인 두 직선을 기호 'ㄱ'를 사용하여 표시하며, 이때의 위치 관계를 기호 '⊥'를 사용하여 $l \perp m$과 같이 나타냅니다.

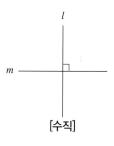

[수직]

〈참고〉 수선과 수직선(垂直線)은 같은 말이지만, 수의 직선인 수직선(數直線)과의 혼동을 피하기 위하여 수선이라는 말을 사용합니다.

한 평면 위에서 두 직선이 서로 만나지 않을 때, 두 직선은 서로 **평행**(平行, parallel)하다고 말하고 두 직선을 **평행선**(平行線, parallellines)이라고 부릅니다. 오른쪽 그림과 같이 두 직선 위에 기호 '→'를 그려 나타내거나, 기호 '∥'를 사용하여 $l \mathbin{/\!/} m$과 같이 나타냅니다. 평행선 사이의 거리는 평행선 사이에 그려지는 수직인 선분의 길이를 뜻합니다.

평행선 사이의 거리

[평행선]

평면 위에서의 대칭에는 선대칭과 점대칭이 있습니다. 어떤 직선을 축으로 하여 접었을 때 완전히 겹쳐지는 도형을 **선대칭도형**(線對稱圖形, line symmetric figure)이라 하고, 그 직선을 **대칭축**(對稱軸, line/axis of symmetry)이라고 부릅니다. 두 도형이 대칭축에 대해 선대칭이면 선대칭의 위치에 있다고 말합니다.

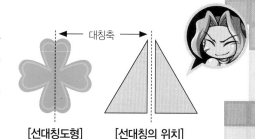

대칭축

[선대칭도형]   [선대칭의 위치]

어느 도형을 한 점을 중심으로 180° 돌렸을 때, 처음 도형과 완전히 겹쳐지는 도형을 **점대칭도형**(點對稱圖形, point symmetric figure)이라 부르고, 그 점을 **대칭의 중심**(center of symmetry)이라고 합니다.

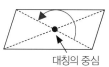

대칭의 중심

[점대칭도형]

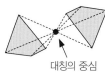

대칭의 중심

[점대칭의 위치]

〈참고〉 정$2 \times n$각형에서는 대칭축이 $2n$개가 있고 도형의 중심이 대칭의 중심이 됩니다. 정$(2n-1)$각형에서는 대칭축이 $(2n-1)$개가 있고 대칭의 중심은 없습니다.

선대칭도형에는 대칭축이 여러 개 있을 수 있지만, 점대칭도형에서는 대칭의 중심이 단 한 개만 있습니다. 두 도형이 대칭의 중심에 대해 점대칭이면 점대칭의 위치에 있다고 말합니다. 아래의 그림은 여러 사각형들에 나타나는 대칭을 보여 주고 있습니다. 붉은 선은 대칭축이고 굵은 점은 대칭의 중심입니다.

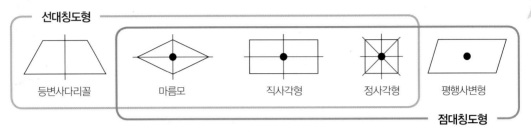

두 다각형에서 모양과 크기가 같으면 합동(合同, congruence)이 되고, 모양은 같지만 크기가 다르면 닮음(similarity)이 됩니다.

	삼각형의 합동	삼각형의 닮음
기호	$\triangle ABC \equiv \triangle A'B'C'$	$\triangle ABC \backsim \triangle A'B'C'$
성질	(1) 대응변의 길이가 같습니다. (2) 대응각의 크기가 같습니다.	(1) 대응변의 길이 비가 같습니다. (2) 대응각의 크기가 같습니다.

삼각형의 합동조건과 닮음조건은 아래와 같습니다. [S : 변(Side), A : 각(Angle)]

삼각형의 합동조건	삼각형의 닮음조건
① 세 쌍의 대응변의 길이가 각각 같을 때 (SSS합동)	① 세 쌍의 대응변의 길이 비가 같을 때 (SSS닮음)
② 두 쌍의 대응변의 길이가 각각 같고, 그 두 변 사이의 끼인각의 크기가 같을 때 (SAS합동)	② 두 쌍의 대응변의 길이 비가 같고, 그 두 변 사이 끼인각의 크기가 같을 때(SAS닮음)
③ 한 쌍의 대응변의 길이가 같고, 그 양 끝각의 크기가 각각 같을 때 (ASA합동)	③ 두 쌍의 대응각 크기가 각각 같을 때 (AA닮음)

《참고》 (1) 직각삼각형의 합동조건 [L : 빗변이 아닌 변(leg), H : 빗변(hypotenuse), A : 직각이 아닌 각, R : 직각]
   ① LL합동   ② HA합동   ③ LA합동   ④ HL합동

(2) 직각삼각형의 닮음조건 : ① LL닮음   ② RA닮음   ③ LA닮음   ④ HL닮음

 사각형의 합동조건
두 n각형이 합동이 되려면 n쌍의 대응변의 길이가 각각 같고 n쌍의 대응각이 각각 같아야 합니다. 즉, 2 × n개의 조건을 만족시켜야 합동이 됩니다. 그러나 삼각형의 경우, 6개의 조건을 모두 만족시킬 필요가 없이 그보다 적은 3개 조건만을 만족시켜도 합동이 되었습니다. 사각형의 경우에도 8개의 조건보다 적은 5개의 조건을 만족시키면 합동이 됩니다.

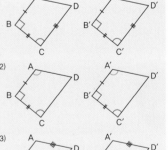

(1) $\overline{AB} = \overline{A'B'}$, $\overline{BC} = \overline{B'C'}$, $\overline{CD} = \overline{C'D'}$,
   ∠B = B', ∠C = C'(SASAS합동)

(2) $\overline{AB} = \overline{A'B'}$, $\overline{BC} = \overline{B'C'}$, ∠A = A'
   ∠B = B', ∠C = C'(ASASA합동)

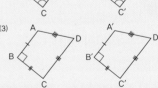

(3) $\overline{AB} = \overline{A'B'}$, $\overline{BC} = \overline{B'C'}$, $\overline{CD} = \overline{C'D'}$, $\overline{DA} = \overline{D'A'}$, ∠B = B'(SASSS합동)

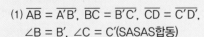

노바 캐슬

뭐 좀 먹었어?

아니, 입도 안 대.

벌써 며칠짼 데…,
큰일이네.

이데아 언니
이러다 병나겠다.

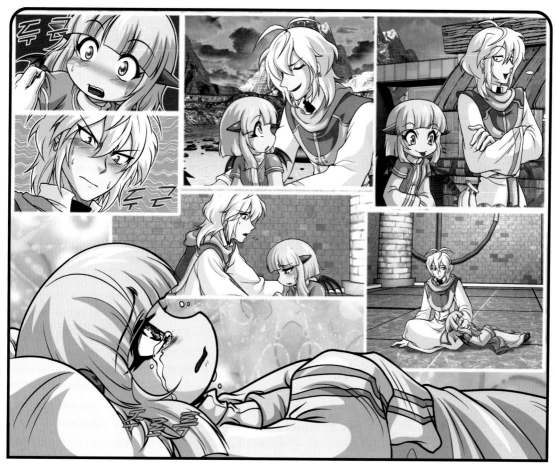

다들 나가.
난 니힐 사제님의
뒤를 따르기로
마음먹었어.

정말이야?
이리 와서 자세히
좀 얘기해 봐.

이제야
제 말을
들으시네요~!

니힐은 사제가
아니라 날사기꾼에
도둑놈이라니까요.

좀 말릴까?

내버려 둬. 언니도 운동 좀 해야지.

아, 기운이 없어서 더는 못 때리겠네.

 도도의 깜짝 OX퀴즈 〈62화-1〉

37 +

두 사각형에서 네 쌍의 대응변의 길이가 각각 같으면,
두 사각형은 합동이 됩니다.

그러게 이데아 누나를 왜 건드렸어~.

니힐 사제님 흉보면 바로 폭발한다는 거 몰라요?

귀찮게 하지 말고 다들 나가라니까!

언니, 그만 좀 해! 솔직히 니힐 사제님이 돌아가셨다는 증거도 없잖아?

*수완 : 일을 꾸미거나 치뤄 나가는 재간.

홀로 마계에 떨어졌는데 어떻게 살아?

살아 있을 수도 있지!

니힐 개가 워낙 빤질빤질하고 *수완이 좋아서 쉽게 죽을 녀석은 아니거든요~!

또 맞을 소릴~.

정답 X (해설은 워크북 6쪽)

그분께
물어볼까?

그분?

지하 창고로
가자.

이분은 카이저 가문의 조상이신 〈카악〉 님이셔.

침 삼키다 가래가 카...

째컹

카악!

혼날래?

마법으로 굉장히 오래 사신 분이지.

이분께 물어보자고?

네. 전해 내려오는 말에 따르면...

카악 님께 진심을 다하여 빌면 한 가지 질문에 대답해 주신다고 했어요.

그럼 해 볼래!

카악 님께 비나이다….

잠깐만요!

그냥 빌면 안 돼요. 카악 님이 돌아가실 때 이런 유언을 남기셨거든요.

이 땅에서 지겹게도 오래 살았구나. 이제 그만 가 봐야겠어.

도도의 깜짝 OX퀴즈 〈62화-2〉

정n각형에서 대칭축은 n개가 있습니다.

내가 죽은 뒤에라도 어려운 일이 생기면 묻도록 하여라.

근데 너희들, 내 나이는 아느냐?

모, 모릅니다.

이런 괘씸한 것들! 내가 아무리 오래 살아도 그렇지 조상님 나이를 몰라?

내 나이는… 80에 내 나이 절반을 합한 것이다.

내 나이를 맞힌 자의 질문에만 대답할 것이니라. 나 이제 정말 간다잉~.

정답 ㅇ (해설은 워크북 6쪽)

80에 나이 절반을 합한 것? 꽤 까다롭네….

그래서 아직 문제를 푼 사람이 없어요.

그렇다면 내가 또 나설 차례인가?

그래, 도도! 네가 속 시원히 해결 좀 해 줘.

아니, 아니, 잠깐만!!

그 전에 아까 나를 때린 것에 대해서 이데아 님의 사과부터 받아야겠어.

도도….

눈물로 어물쩍 넘기지 말고 정식으로 사과하세요.

알았어. 내가 정식으로…

40권 부모님마음 당첨자

〈수학도둑〉을 읽을 때 재웅, 재민이의 표정이 주인공 캐릭터의 표정만큼이나 실감 나게 변하는 걸 보면 너희들의 머릿속에 얼마나 재미있는 세상이 펼쳐지고 있을지 궁금해진다. ^^ (최재웅, 최재민 어린이 어머니 | 경기도 안산시)

더 두들겨 패 주마, 이 못된 것아!

나 이 문제 진짜 안 풀어 줄 거야!

됐거든~!

오안네스, 부탁해!

네, 이데아 언니!

80에 나이 절반을 합한 것이 카악 님의 나이라고 했으니까 나이 절반을 ♧라고 하면 80 + ♧ = ♧ + ♧가 되겠죠?

응, 맞아!

나 대신 오안네스가?!

오안네스의 풀이 과정

※ 나이 절반 = ♧로 표기

80 + ♧	=	카악의 나이
80 + ♧	=	♧ + ♧

↓

| ♧ + ♧ | = | 카악의 나이 |

+ 44

점대칭도형은 대칭의 중심 주위로 (   )° 도형돌리기하면
겹쳐지는 성질을 갖고 있습니다.

우린 자리를
비켜 주자.

응….

티어, 내일
행사는 준비 잘하고
있지?

무슨 행사?

〈엔젤릭 데이〉라고
있어.

정답   180(°) (해설은 워크북 7쪽)

노바 가문의 전통적인
축제일인데, 가문을 창시한
초대 엔젤릭버스터 님께서
천사들의 나라에서 지상으로
내려오신 날을
기념하는 축제지.

초대 엔젤릭버스터
님으로 분장한 티어가
시민들에게 인사를
할 거야.

와아, 근사하겠다~!

근사하긴 무슨~.
다 귀찮아~!

천사 분장은 질색인데 다른 사람 시키면 안 될까?

철없는 소리 그만해! 천년 동안 이어 온 전통을 장난으로 만들 셈이야?

아, 알았어. 하면 되잖아….

오안네스, 초대 엔젤릭버스터 님을 수행하는 보좌천사 역할이 필요한데 네가 해 줄 수 있니?

야!

내가 해도 돼요?

당연하지! 분명히 잘 어울릴 거야.

신 난다! 천사역할 꼭 한번 해 보고 싶었어요~!

와아~

닮음비가 3 : 1인 두 육각형이 있는데 작은 육각형이 큰 육각형 안에 포함될 수 없었습니다.
이러한 두 닮은 육각형을 그려 보세요.

꼬박 하루가 지났네~.

크리스티나 님은 정말 독해요!

크리스티나 님!

무사히 끝냈어요.

 정답   문제에서 볼록육각형이 되어야 한다라는 조건은 없었습니다.
(해설은 워크북 7쪽)

의식을 끝냈다고요?

그럼 이제 마계공작이 부활 하는 거네요~?!

매그너스 님, 깨어나세요! 당신을 간절히 기다리는 저희들 앞에 모습을 어서 나타내 주세요!

우린 전혀 간절하지 않은데~!

매그너스 님——!

누가 날 깨웠지?

저, 접니다. 크리스티나!

약속대로 세상을 지배할 힘을 주세요!

싫어.

네?

너한테 세상을 지배할 힘을 주기 싫다고!

철—

약속을 어기면 어떻게 되는지 잘 아실 텐데요. 난 당신을 다시 재울 수도 있다고욧!!

그럼 다시 재워!

 앞에서 평면 위에서의 도형을 알아보았다면 공간에서는 도형을 어떻게 표현하는지 알아보아요.

공간에서의 두 직선은 한 점에서 만나거나, 만나지 않거나, 일치합니다. 그러나 평면 위에서 두 직선이 만나지 않으면 평행이 되지만, 공간에

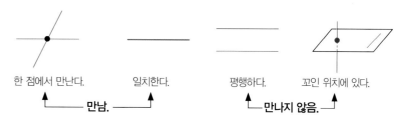

한 점에서 만난다.   일치한다.   평행하다.   꼬인 위치에 있다.
└─── 만남. ───┘   └─ 만나지 않음. ─┘

서는 두 직선이 만나지도 않고 평행하지도 않은 경우가 있게 됩니다. 이러한 경우를 꼬인 위치에 있다라고 말합니다.

 공간에서 직선과 평면의 관계에는 아래의 그림과 같이 직선이 평면에 포함되거나, 한 점에서 만나거나, 평행하게 되는 세 경우가 있게 됩니다.

   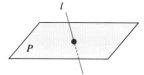   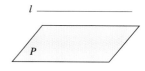

직선이 평면에 포함된다.   한 점에서 만난다.   평행하다.($l /\!/ P$)

위의 세 번째 그림과 같이 직선 l과 평면 P가 평행하면 $l /\!/ P$와 같이 나타냅니다.

직선 l과 평면 P가 한 점에서 만나는 경우, 직선 l이 평면 P에 포함되는 모든 직선과 수직이 되면 직선 l이 평면 P에 수직이라고 하며 $l \perp P$와 같이 나타냅니다.

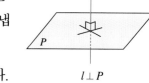

$l \perp P$

공간에서 두 평면은 아래의 그림과 같이 만나거나, 평행하거나, 일치합니다.

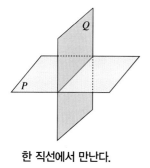   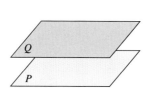   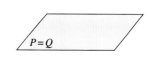

한 직선에서 만난다.   평행하다.   일치한다.

두 평면 P, Q가 한 직선에서 만나는 경우, 두 평면이 이루는 각(이면각[二面角, dihedral angle])이 직각일 때 두 평면은 수직이다라고 말하고 $P \perp Q$처럼 나타냅니다.

〈참고〉 이면각이란, 두 면의 교선이 되는 모서리 위의 한 점에서 각각의 면 위로 두 수선을 그었을 때, 그 두 수선이 만드는 각을 말합니다.

이면각

공간에서의 대칭에는 선대칭과 점대칭 이외에, 거울에 비치는 상처럼 면대칭(面對稱, plane symmetry)이 더 있습니다. 면대칭도형(面對稱圖形, plane symmetric figure)은 모든 두 대응점을 잇는 선이 대칭면(對稱面, plane of symmetry)에 수직이 됩니다. 이러한 면대칭도형의 예는 아래의 그림과 같이 구, 원기둥, 원뿔, 원뿔대 등에서 찾을 수 있습니다.

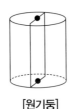
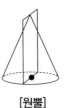

[직육면체]　　　　　[구]　　　　　[원기둥]　　　　　[원뿔]　　　　　[원뿔대]

[아령(啞鈴, dumbbell)]　　　　[자동차 바퀴(tire)]　　　　[플라스틱 원반(Frisbee)]

구에서 대칭면은 구의 중심을 지나는 모든 평면이 되고, 원기둥에서 대칭면은 높이를 이등분하는 평면이나 두 밑면의 중심을 지나는 모든 평면이 됩니다.

원뿔에서 대칭면은 원뿔의 꼭짓점과 밑면의 중심을 지나는 모든 평면이 되고, 원뿔대에서 대칭면은 두 밑면의 중심을 지나는 모든 평면이 됩니다.

평면도형과 마찬가지로, 두 입체도형에서 모양과 크기가 같으면 합동(合同, congruence)이 되고, 모양은 같지만 크기가 다르면 닮음(similarity)이 됩니다.

	다면체의 합동	다면체의 닮음
성질	(1) 대응면이 합동입니다. (2) 대응하는 이면각의 크기가 같습니다.	(1) 대응면의 닮음비가 같습니다. (2) 대응하는 이면각의 크기가 같습니다.

〈참고〉 닮음비가 $m : n$인 입체도형에서 (길이의 비) $= m : n$, (겉넓이의 비) $= m^2 : n^2$, (부피의 비) $= m^3 : n^3$

63 소년, 소녀를 만나다

지금 이게 말이 된다고 생각해? 개고생해서 깨워 놨더니 약속을 안 지키겠다니!

저기…, 질문이 있는데요.

해.

왜 세상을 지배할 힘을 주기 싫으신 거죠?

*성미 : 성질, 마음씨, 비위, 버릇 따위를 통틀어 이르는 말.

내가 생긴 건 초절정 미남 스타일이지만 사실 *성미는 엄청 까칠하거든.

미남?! 요즘 왜 이렇게 착각하는 애들이 많아?!

그…, 그런데요?

깨어나자마자 애 얼굴을 보는 순간, 기분이 팍 상했어. 내가 제일 싫어하는 스타일이야.

그 점은 나랑 비슷하네~.

크리스티나 님!

평생 살면서 나 싫다는 남자는 처음 봐요!

그럴 리가 있나!

크리스티나 님이 얼마나 매력적인데요!

헐…

긴말은 않겠어요. 약속을 어기면 당신을 다시 잠에 빠뜨릴 거예요. 이건 마지막 경고예요!

마음대로~! 나는 한 번 싫은 건 지옥에 떨어지는 한이 있어도 싫어!

저기…, 지옥은 매그너스 님께 상당히 쾌적한 곳이지 않나요?

아, 그렇군.

천국에 떨어지는 한이 있어도 싫다!!

이, 이 괘씸한…

잠깐 진정 좀 하고 내 말 먼저 들어 봐요.

매그너스 님에게 생각할 시간을 주는 게 어떨까요?

매그너스 님, 딱 하루만 생각할 시간을 드리겠어요. 하루예요!

그래 봤자 달라지는 건 없을 텐데~!

어쨌든 세상 구경할 시간을 줘서 고맙군.

내일 이맘때
보자고.

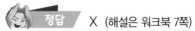
정답 X (해설은 워크북 7쪽)

그렇게 좋으면 여기에 계속 머물 궁리를 하셔야죠!

불가르, 너도 깨어났구나!

주인님과 함께 잠들었으니 같이 깨어났죠. 다시 잠 속으로 끌려들어 가겠지만~!

투덜거릴 여유 없어. 주어진 시간은 하루뿐이라고!

사아…

본격적으로
세상 구경을
시작해 보실까?

후

파아아

펑—

 정답 O (해설은 워크북 7쪽)

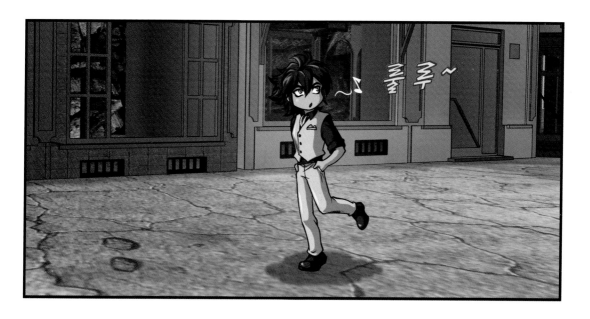

저 사람
완전 잘생겼다!

아론아, 미로 찾기는 오른쪽으로만 가면 찾을 수 있다고 알려 줘서
정말 고마워. 엄마는 우리 아론이에게 〈수학도둑〉이 얼마나 큰 도움이 되고
있는지 다시 한 번 느꼈어. (심아론 어린이 어머니 | 부산광역시 사상구)

오늘이
무슨 날인가요?

엔젤릭
데이잖아요!

엔젤릭 데이…?
뭔지는 몰라도 천사와
관계있는 날이군.
그렇다면 나하곤
안 맞겠네.

딴 데로 가야지~!

저기 티어랑 오안네스가 온다!

어디?

부피가 10cm³인 원뿔과 닮음비 1 : 10으로 확장한
큰 닮은 원뿔의 부피는 (   )cm³입니다.

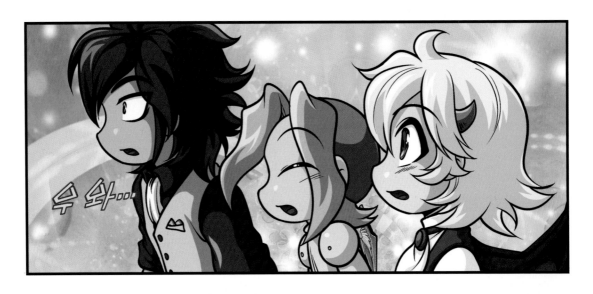

티어…, 정말 천사 같다!

오안네스가 저렇게 예쁠 줄이야….

 정답 10000(cm³) (해설은 워크북 7쪽)

그만 기분 풀어요. 매그너스 님도 지금쯤은 생각이 바뀌었을 거예요.

그게 문제가 아니에요!

그럼 뭐가 문제죠?

나야말로 생각이 바뀌었거든요.

더 이상 매그너스에게 끌려 다니지 않겠어요!

그게 무슨 말이에요?

그건… 왜죠?

그를 완전히 믿을 수 없으니까요!

설령 매그너스가 약속을 지킨다 해도 마냥 좋아할 수만은 없어요.

그는 첫 만남에서 내게 강한 거부감을 보였어요. 그가 생각을 바꾼다고 해도 우리에게 무슨 장난을 칠지 모르잖아요?

맞아. 말로만 세상을 지배할 힘을 준다고 하고, 실제로는 허접한 마법을 몇 가지 가르쳐 주는 걸로 끝낼 수도 있지….

더 이상 끌려 다녀선 안 돼요! 매그너스의 약점을 찾은 다음 그를 지배해야겠어요.

매그너스는 마계 서열 10위 안에 드는 어마어마한 거물이에요! 그에게 약점이 있다고 해도 우리가 찾아낼 수 있을까요?

정사면체에서 대칭면이 몇 개가 있는지 찾아내는 방법을 설명해 보세요.

약점을 찾을 수 없다면…

차라리 그를 다시 잠에 빠뜨리는 게 나아요!

피자 사 왔습니당!!

랄랄라~

〈악어 불고기 피자〉! 토핑이 장난 아니에요!

 정답 한 모서리와 그 모서리와 만나지 않는 모서리의 중점을 포함하는 면이 대칭면이 됩니다. 따라서 6개의 모서리가 있으므로 6개의 대칭면이 찾아집니다. (해설은 워크북 7쪽)

맛있겠죠?

콜라랑 샐러드도 잔뜩 받아 왔어요~.

난 생각 없으니까 둘이 다 먹어요.

뭔 일 있었나?

크리스티나 님, 그러지 말고 같이 먹어요.

체할 것 같아서 싫어요.

그럼 조금 있다가 같이 먹어요, 네?

뜨끈할 때 먹고 싶은데~.

기다리는 동안 퀴즈 하나 낼까요?

돌담은 피자 한 판 먹는 데 얼마나 걸려?

전 10분이면 한 판 먹어요.

빠르네.

난 한 판 먹는 데 30분 정도 걸려.

크리스티나 님은요?

난 한 판 다 못 먹어요. 그래도 억지로 먹으라고 하면 아마 한 시간은 걸리겠죠?

자, 문제 나갑니다~.

우리 셋이서 피자 세 판을
싹 먹어 치우는 데
시간이 얼마나 걸릴까요?

먹을 것 앞에 놓고
무슨 퀴즈예요? 그냥
크리스티나 님 몫으로
한 판 남겨 놓고,
우리 먼저 먹어요!

치이이...

돌담은 퀴즈
풀기 싫어?

당연하죠. 상금도
없는데 풀어서
뭐 해요~. 전 빨리
먹고 싶다고요.

상금은 없어도
벌칙은 있지!

깜짝

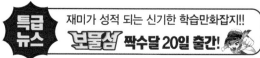

퀴즈를 못 풀면
세 판 다 내가 먹겠다!

생활 속의 수학과
스토리텔링을 강화한

스토리텔링 수학교실+

3 정다면체는 왜
다섯 가지뿐인가요?

영역 - 도형   능력 - 개념이해력

모든 면이 합동인 정다각형이면서 각 꼭짓점에 모인 면의 개수가 모두 똑같은 다면체를 **정다면체**(正多面體, regular polyhedra)라고 부릅니다.

다면체에서 한 꼭짓점에 모이는 면의 개수는 적어도 3개 이상이어야 합니다. 그렇지 않다면 꼭짓점이 나타날 수 없고, 두 면이 만나서 생기는 모서리만 있게 되지요.

먼저 한 꼭짓점에 모인 면이 정삼각형이라고 생각해 보아요. 정삼각형의 한 내각의 크기가 $60°$이므로 한 꼭짓점에는 정삼각형이 6개 이상 모일 수 없습니다. 6개가 되면 평면이 되니까요. 따라서 정다면체의 한 꼭짓점에 모일 수 있는 정삼각형의 개수는 3, 4, 5개가 되는 세 경우뿐입니다. 이때 만들어지는 정다면체는 차례로 정사면체, 정팔면체, 정이십면체입니다.

위와 같은 방법으로 생각하면, 정다면체의 한 꼭짓점에 모일 수 있는 정사각형(한 내각의 크기 $90°$), 정오각형(한 내각의 크기 $108°$)의 개수는 각각 3개뿐입니다. 이때 만들어지는 정다면체는 각각 정육면체, 정십이면체가 되지요.

만약 한 꼭짓점에 모인 면이 정육각형이라면, 한 내각의 크기가 $120°$이므로 세 면이 한 꼭짓점에서 모이게 되면 평면($360°$)이 되어 버리니까 입체도형이 될 수 없습니다. 따라서 한 면이 정육각형인 정다면체는 존재할 수 없습니다.

이상을 종합하면, 정다면체는 정사면체, 정육면체, 정팔면체, 정십이면체, 정이십면체의 다섯 가지뿐임을 알 수 있어요. 정다면체의 성질을 다음과 같이 정리할 수 있습니다.

정다면체	정사면체	정육면체	정팔면체	정십이면체	정이십면체
겨냥도					
전개도					
한 면의 모양	정삼각형	정사각형	정삼각형	정오각형	정삼각형
한 꼭짓점에 모인 면 개수	3	3	4	3	5
모서리 개수	6	12	12	30	30
꼭짓점 개수	4	8	6	20	12

각각의 정다면체에서 각 면의 중심을 꼭짓점으로 하는 새로운 정다면체를 아래의 그림과 같이 생각할 수 있습니다. 이 경우에 면의 개수가 새로운 다면체의 꼭짓점의 개수가 되는데 이들의 관계를 아래의 그림과 함께 정리해 보았습니다.

[정사면체]
⇔ [정사면체]

[정육면체] ⇔ [정팔면체]

[정십이면체] ⇔ [정이십면체]

〈참고〉 정다면체의 겉넓이 S와 부피 V(한 모서리의 길이 = a)

	정4면체	정6면체	정8면체	정12면체	정20면체
S	$\sqrt{3}a^2$	$6a^2$	$2\sqrt{3}a^2$	$3 \times \sqrt{5(5 + 2\sqrt{5})}a^2$	$5 \times \sqrt{3}a^2$
V	$\frac{\sqrt{2}}{12}a^3$	a^3	$\frac{\sqrt{2}}{3}a^3$	$\frac{15 + 7\sqrt{5}}{4}a^3$	$\frac{5(3 + \sqrt{5})}{12}a^3$

심화 준정다면체

정다면체를 각 꼭짓점으로부터 일정한 거리에 있는 지점을 지나는 평면으로 자르면 아래의 그림과 같이 각 면에 정다각형이 나타나는 깎인 정사면체, 깎인 정육면체, 깎인 정팔면체, 깎인 정십이면체, 깎인 정이십면체가 만들어집니다.

깎인 정사면체	깎인 정육면체	깎인 정팔면체	깎인 정십이면체	깎인 정이십면체
8면체	14면체	14면체	32면체	32면체
정삼각형 4개 정육각형 4개	정삼각형 8개 정팔각형 6개	정사각형 6개 정육각형 8개	정삼각형 20개 정십각형 12개	정오각형 12개 정육각형 20개

이와 같이 두 종류 이상의 정다각형으로 이루어져 있으며, 각 꼭짓점에 모인 면의 배치가 서로 같은 볼록 다면체를 **아르키메데스의 다면체**(Archimedean solid) 또는 **준정다면체**(semiregular polyhedron)라고 부릅니다.

64 인간계 대표마법사 크리스티나

퀴즈 풀 시간도 안 주고
우리 걸 자기 혼자
다 먹어 치우다니…!

아, 잘 먹었다!
간만에 배불리
먹었더니 살 것
같네~.

매그너스 님에
관해 우리와 의논할
중요한 일이 뭐죠?

음…

이제 말씀해
보시죠!

이 불가르가 매그너스 님이 가장 사랑하는 하인이라는 얘긴 했지? 따라서 난 그분의 속마음을 환히 꿰고 있어.

그래서요?

하악~

매그너스 님은 한번 고집을 세우면 아무도 못 꺾지!

그럼 그분의 마음이 변하길 기대하며 하루의 여유를 준 것은 쓸데없는 짓이었군요.

빙고~!

담담

하지만 내가 생각해 둔 방법이 있으니 실망할 필요는 없어!

씨익

지금부터 내가 하는 이야기는 반드시 비밀을 지켜 줘야 해!

소곤

방법이요?

갸웃

특히 매그너스 님이
눈치라도 채면
우린 모두 끝장이야!

알았으니
걱정 마세요.

매그너스 님이 끝내
약속 지키길 거부하면
넌 봉인의 주문을
외우겠지?

물론이죠. 다시는
깨어나지 못하도록
영원한 잠에
빠뜨릴 거예요!

그럼 주문을 외울 때
매그너스 님만 잠에
빠뜨리고 나는
제외시켜 줘!

왜 그래야 하죠?

세상을 지배할 힘을 얻는 게 목적 아닌가?

맞아요.

내가 그 힘을 줄게!

당연하지! 세상을 지배하는 방식이 조금 다를 수는 있지만 어쨌든~.

잠깐만요!

불가르 님에게 그럴 힘이 있나요?

세상을 지배하는
방식이 조금
다르다는 게
무슨 뜻이죠?

핵심을 찌르는군.
좋아, 말해 주지!

나는
너에게….

세상의 모든 쥐를
지배할 힘을 줄게!

표정들이 왜 그래?

이거 엄청난 힘이야!
쥐만 지배하는 게
아니라 박쥐, 햄스터,
다람쥐도 가능하다고!

정답　X (해설은 워크북 7쪽)

걔들 다 불러 모으면 우주도 지배할 수 있을걸?

그것 참 대단한 힘이겠군요.

그렇지? 이제야 말이 통하네.

마계공작 매그너스 님에 대해 자세히 알고 싶어요. 곁에서 모시지 않으면 알 수 없는 약점까지!

그런데 제가 불가르 님께 원하는 건 조금 다른 거예요.

그런 부탁이라면 내가 딱이지!

하지만 맨입으론 안 돼! 나를 주인님으로 받들어 모셔!

뭔가 크게 착각하는 것 같은데…

이건 부탁이 아니라 명령이야!

째릿!

하찮은 인간계의 마법사 나부랭이가 감히 이 불가르 님을 모욕해?

파앗

퍼엉

켁

철퍼덕

쌔늘

매그너스라면 몰라도
너 따위한테 질 만큼
인간계의 마법이
우습진 않아!

아, 역시
크리스티나 님이야.

이 녀석을 혼내서 통쾌하긴 한데…

매그너스가 계속 고집을 부리면 그냥 봉인하면 되지 약점을 캐내어 뭐 하게요?

혹시 매그너스가 마음을 바꿀지도 모르잖아요.

하지만 그럴 일은…

확률이 1%, 아니 0.1%라도 상관없어요.

 정답   O (해설은 워크북 7쪽)

매그너스가 마음을 바꾸어
약속을 지키겠다고 하면,
난 그로부터 최대한 많은 걸
얻어 낼 거예요! 주어진 기회를
조금도 낭비하지 않을
거라고요!

그때 저 녀석으로부터
캐낸 정보가 큰 도움이
되겠죠.

크리스티나 님의
집념은 참 대단해!
얼굴 예쁘지, 머리 좋지,
진짜 흠이 없네!

저기…, 피자 다시
사 올까요? 저 녀석이
다 먹어 버렸잖아요.

그래!
돈 줄게, 돌담.

잠깐…!

아까 그 퀴즈 정답이 뭐죠? 우리 셋이 피자 세 판을 먹는 데 걸리는 시간이요.

아~.

얼마나 걸릴 것 같아요?

60분! 왜냐하면 내가 피자 한 판을 먹는 데 60분 걸리니까요.

땡! 돌담이 자기 몫의 피자 한 판을 먹고 얌전히 있다면 그렇겠지만 과연 그럴까요?

저야 늘 얌전하죠….

따져 볼까요?

40권 부모님 마음 당첨자

스토리텔링 수학을 만화를 통해서 재미있게 공부하고, 스스로 용돈을 모아 책을 사는 우리 민수가 엄마는 정말 자랑스러워. 앞으로도 〈수학도둑〉을 통해 계속 수학에 흥미를 갖기를 엄마가 응원할게! (김민수 어린이 어머니 | 전라북도 군산시)

피자 먹기 시작한 후 10분 경과!

크리스티나가 $\frac{1}{6}$판을 먹어 치움.

벨데로스가 $\frac{1}{3}$판을 먹어 치움.

돌담이 1판 모두 먹어 치움.

20분 경과!

크리스티나가 $\frac{2}{6} = \frac{1}{3}$판을 먹어 치움.

돌담이 또 1판을 먹어 치움.

벨데로스가 $\frac{2}{3}$판을 먹어 치움.

남은 피자가 없음!!

수식으로 알아볼까요?

• 크리스티나 : 60분에 1판 먹으므로 먹는 속도가 $\frac{1}{60}$(판/분)

• 벨데로스 : 30분에 1판 먹으므로 먹는 속도가 $\frac{1}{30}$(판/분)

• 돌담 : 10분에 1판 먹으므로 먹는 속도가 $\frac{1}{10}$(판/분)

그러므로 1분 동안에 $\frac{1}{60}$판 + $\frac{1}{30}$판 + $\frac{1}{10}$판 = $\frac{9}{60}$판 = $\frac{3}{20}$판을 먹음.

즉, 셋서서 먹는 속도가 $\frac{3}{20}$판/분이므로 피자 3판 먹는 시간은

3판 ÷ $\frac{3}{20}$(판/분) = 20분이 걸리게 됩니다.

카이저의 만점 괄호퀴즈 〈64화-3〉

한 면이 정5각형인 정다면체는 (   )뿐입니다.

감히 인간계 마법사
나부랭이가!!!

무엇이든
물어보세요~.

티어—, 같이 가!!

다면체에서 F개의 면, E개의 모서리, V개의 꼭짓점이 있다면 오일러의 다면체
정리 V + F − E = 2가 성립합니다. 오각뿔에서 이 정리를 확인해 보세요.

 정답 ▶ 오각뿔에는 면이 6개, 모서리가 10개, 꼭짓점이 6개가 있으므로 6 + 6 − 10 = 2가
성립합니다. (해설은 워크북 7쪽)

너 오늘…
참 예뻐.

깜짝

빨그레

왜 이렇게 덥니?
얼굴이 다
화끈거리네.

삐질

기다려.
금방 사 올게!

휙

더워?
아이스크림
사 올까?

내가 오늘···
예뻤나?

잘 모르겠는데···.

안녕~~!

아, 안녕~.

난 〈맥〉이라고 해. 너는?

내가 엔젤릭버스터라는 걸 모르나 보네. 탤리 시민이 아닌가?

나는 티어라고 해.

이거 먹을래? 친구 주려고 샀는데 길을 잃어 버렸네~.

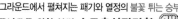
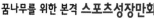
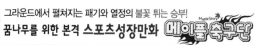

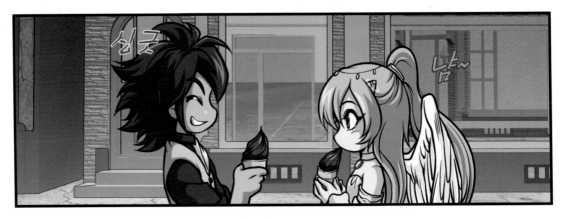

 입체도형을 나타내는 방법에는 전개도, 겨냥도, 투영도, 투시도 등이 있습니다.

입체도형을 모서리나 모선을 따라 잘라내어 평면으로 펼쳐 그린 그림을 전개도(展開圖, net)라고 합니다. 제멋대로 잘라내어 만든 전개도로는 본래의 입체도형을 상상할 수 없지요. 그리고 구(球)는 잘라내어 평면으로 펼칠 수 없으므로 전개도를 만들 수 없답니다.

밑면의 모양 입체도형	다각형	원
기둥	밑면 / 옆면 / 밑면	밑면 / 옆면 / 밑면
뿔	옆면 / 옆면 밑면 옆면 / 옆면	옆면 / 밑면
뿔대	옆면 / 옆면 아래면 옆면 / 옆면 (윗면)	윗면 / 옆면 / 밑면

입체도형의 모양을 대강 알 수 있게 그린 그림을 겨냥도(sketch)라고 합니다. 보이지 않는 모서리는 보통 점선으로 나타낸답니다.

기둥	뿔	뿔대
각기둥	각뿔	각뿔대
원기둥	원뿔	원뿔대

입체도형을 더욱 확실하게 나타내기 위하여, 평행 광선을 비추듯이 위에서 본 그림(평면도, top view), 앞에서 본 그림(정면도/입면도, front view), 옆에서 본 그림(측면도, side view)의 세 가지 그림을 사용합니다. 보통 이 세 가지 그림을 함께 연결하여 그린 아래와 같은 그림을 투영도(投影圖, projection chart)라고 부릅니다.

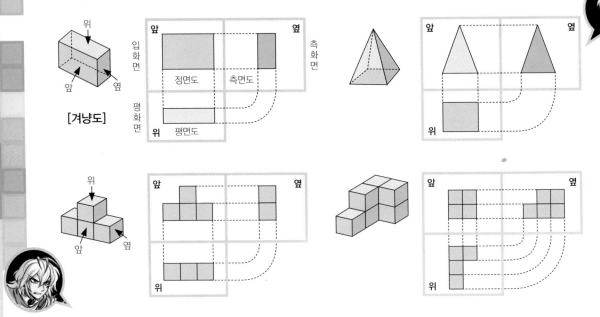

눈으로 보는 것과 같이 원근감이 나타나도록 입체도형을 그린 그림을 투시도(透視圖, perspective drawing)라고 합니다.

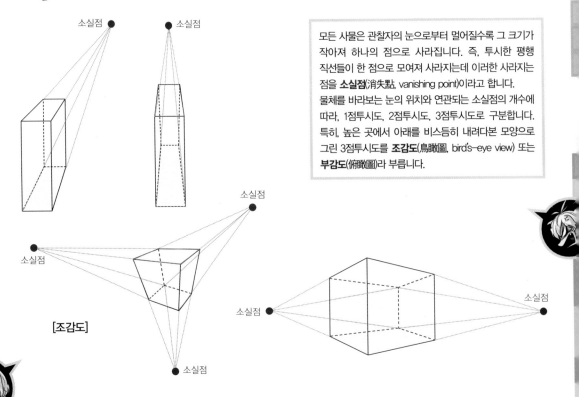

모든 사물은 관찰자의 눈으로부터 멀어질수록 그 크기가 작아져 하나의 점으로 사라집니다. 즉, 투시한 평행 직선들이 한 점으로 모여져 사라지는데 이러한 사라지는 점을 **소실점**(消失點, vanishing point)이라고 합니다.
물체를 바라보는 눈의 위치와 연관되는 소실점의 개수에 따라, 1점투시도, 2점투시도, 3점투시도로 구분합니다. 특히, 높은 곳에서 아래를 비스듬히 내려다본 모양으로 그린 3점투시도를 **조감도**(鳥瞰圖, bird's-eye view) 또는 **부감도**(俯瞰圖)라 부릅니다.

65 너한테 할 말, 지금 할게

진짜 맛있다!
처음 먹어 보는
맛이야~!

와~

아~, 흑마법이
조금 들어갔어.

걱정 마.
독은 아니야.
최고의 맛을 내기
위해 조금 썼을
뿐이니까.

너 정말 재밌는
아이구나.

더 재밌는 것
있는데 보여 줄까?

뭔데?

따라와!

척

실망하지 않을 거야.

씨익

얘 얼굴을 보고 있으니 왠지 거절할 수가 없어.

삐지
질

도도를 기다려야 하는데….

깜짝

 **도도의** 깜짝 OX퀴즈 〈65화-1〉

다면체의 겉넓이는 전개도의 넓이와 같습니다.

정답 ○ (해설은 워크북 7쪽)

*이륙하다 : 비행기 따위가 날기 위하여 땅에서 떠오르다.

티어, 아이스크림…!

티어ㅡ!

화장실 갔나?

빨리 안 오면 아이스크림 녹을 텐데….

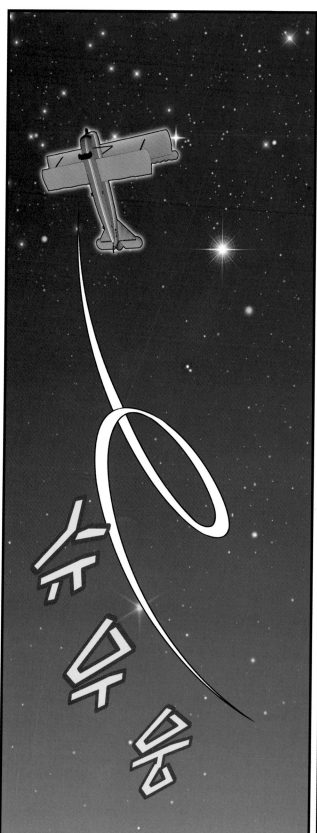

까르륵

슈우웅

정답　　O (해설은 워크북 8쪽)

오안네스가 그렇게도
궁금해하던 말…

팔그레

지금 해야겠어!

꿀꺽

오안….

첵

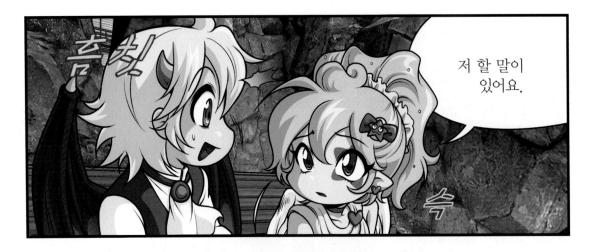

저 할 말이
있어요.

어? 어···,
그래.

무슨 말인데···?

사실 숨긴 게
있어요.

전 인어왕국의
공주예요.

공주?! 어쩐지 품위가 넘치더라니…

아하

왕위를 잇기 전에 잠깐 아바마마의 허락을 받아 신분을 감추고 세상을 떠돌며 여러 가지 경험을 쌓는 중이었죠.

추우…

그런데 어젯밤 아바마마의 연락을 받았어요. 왕위를 물려줄 테니 당장 돌아오라고 하셨죠.

!

그럼 네가 이제 인어왕국의 왕이 되는 거야?

네…

축하해, 오안네스!

방긋

글썽

왜 그래?

왕이 되면 완전한 인어로 변신해야 해서 지금처럼 물속과 땅위를 자유롭게 오갈 수가 없어요.

정말 완전한 인어가 되어야 하거든요.

정답 · 평면도 (해설은 워크북 8쪽)

그럼 땅 위로 못 올라와?

네. 물속에서만 호흡할 수 있으니까요….

그, 그래도….

우린 만날 수 있지? 내가 잠수복을 입고 들어가면 되잖아.

인어왕궁은 아주 깊은 바닷속에 있어서 인간은 올 수 없어요.

그리고 난 왕궁 밖으로 못 나가요. 그게 왕이 지켜야 할 법도니까….

무, 무슨 방법이 있겠지. 우리가 만날 수 있는….

오빠….

그런 방법은 없어요. 오늘이 마지막이에요. 우린 영원히 못 만나요.

오안네스 공주님ㅡ!

그동안 행복했….

40권 부모님 마음 당첨자

사랑하는 둘째 아들 대욱아! 생일 선물로 엄마가 〈수학도둑〉 정기구독 시켜 줄게~! 마음도 몸도 무럭무럭 자라나라! ^^
(전대욱 어린이 어머니 | 서울특별시 양천구)

무슨 일이지?

전하께서 단단히 화가 나셨습니다. 공주님이 왜 아직도 돌아오지 않느냐고….

오, 오안네스!

이제 가야겠어요. 아바마마는 대단히 엄하신 분이거든요.

엔젤릭버스터의 **짤막**서슬퀴즈 〈65화-4〉

쌓기나무의 앞에서 본 그림과 옆에서 본 그림이 똑같이 ⊞ 일 때, 가장 최소의 쌓기나무 수효를 구해 보세요.

모두에게 안부 전해 주세요. 인사 못 하고 가서 미안하다고…

오안네스!

휘미익

타악

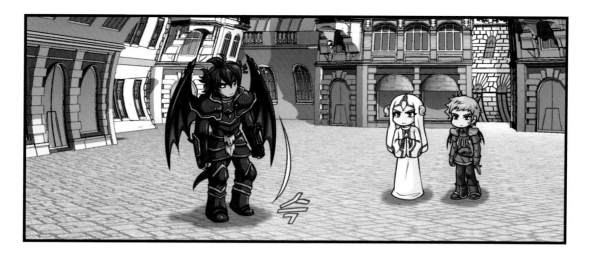

좀 늦었어.

좀이 아니죠.
약속한 하루에서
열 시간이나 넘게
지났어요.

그래서 기분이
상했나?

하지만 내 대답을
들으면 달라질 거야.

약속을 지키겠다,
크리스티나!

0.1%의 확률이
이루어졌다.

제게 세상을
지배할 힘을
주실 건가요?

그래.

마음을 바꾼
이유가 뭐죠?

그건 네가 알 필요 없잖아?!
중요한 건 세상을 지배할
힘을 네게 준다는
것이니까.

맞아요.
중요한 건
그거죠.

몇 가지 강력한 마법스킬을
가르쳐 주지. 그거면
충분히 인간계를
휘두를 수 있어.

웃어?

어쩜 이렇게
제 예상에서
한 치도 벗어나지
않을까요?!

무슨 뜻이지?

과학핵심개념을 통으로 이해하는 수준별 통합학습만화
메이플 사이언스 (전3권)

131 +

돌담,
데리고 와!

자, 이제 본격적으로
이야기를 시작해 볼까요?
세상을 지배할 힘에
대해 말이에요!

 http://cafe.naver.com/ismgadong
《서울문화사 아동기획팀》 공식카페로 놀러 오세요~!♪

 삼각형과 원, 사각형과 원 사이에는 여러 가지 관계가 있습니다. 지금부터 그 관계와 성질에 대해 알아봅시다. 이번에 알아보는 내용은 초등학교 과정을 벗어난 내용이지만 중학교 과정에서도 꼭 필요한 내용이므로 미리 읽어 두는 것이 좋습니다.

먼저 삼각형과 원 사이의 관계에 대해 알아보아요.

삼각형과 관련된 원이, 삼각형의 세 꼭짓점을 지나는 원인지 삼각형의 세 변에 내접하는 원인지를 구분하여 그 성질을 아래의 표에 정리해 보았습니다.

외접원(circumcircle)과 외심(外心, circumcenter)	내접원(incircle)과 내심(內心, incenter)
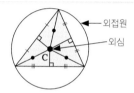	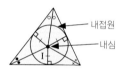
외심 : 삼각형의 세 꼭짓점을 지나는 외접원의 중심	내심 : 삼각형의 세 변에 내접하는 내접원의 중심
(1) 세 변의 수직이등분선의 교점 (2) 외심에서 세 꼭짓점에 이르는 거리가 똑같습니다. (외접원의 반지름 = R)	(1) 세 내각의 이등분선의 교점 (2) 내심에서 삼각형의 세 변에 이르는 거리가 똑같습니다. (내접원의 반지름 = r)

한 삼각형이 주어지면 이에 대한 외접원(외심), 내접원(내심)이 유일하게 정해집니다.

 〈참고〉 (1) 삼각형의 종류에 따라 외심의 위치가 다음과 같이 달라집니다.

예각삼각형
(삼각형의 내부에)

직각삼각형
(빗변의 중점에)

둔각삼각형
(삼각형의 외부에)

(2) 삼각형에서 내접원의 반지름 r와 세 변의 길이 a, b, c를 알면 그 넓이를 구할 수 있습니다.

($\triangle ABC$의 넓이) $= \triangle IBC + \triangle ICA + \triangle IAB$

$$= \frac{1}{2} \times a \times r + \frac{1}{2} \times b \times r + \frac{1}{2} \times c \times r$$

$$= \frac{1}{2} \times (a+b+c) \times r$$

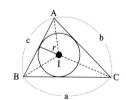

133 +

삼각형의 오심(五心, five centers of a triangle)

(1) 삼각형의 한 꼭짓점에서 대변의 **중점**(中點, midpoint)으로 그은 선을 **중선**(中線, median)이라 하는데, 세 중선은 한 점에서 만나며, 그 점을 **무게중심**(重心, centroid)이라고 부릅니다.

무게중심

중선

(2) 삼각형에서 세 꼭지각의 이등분선은 한 점에서 만나는데, 그 점은 **내심**(内心, incenter)이라고 불립니다. 즉, 그 삼각형에 내접하는 **내접원**(内接圓, incircle)의 중심이 됩니다.

내심
내각의
이등분선

(3) 삼각형에서 세 변의 수직이등분선은 한 점에서 만나는데, 그 점을 **외심**(外心, circumcenter)이라고 부릅니다. 즉, 그 삼각형의 세 꼭짓점을 지나는 **외접원**(外接圓, circumcircle)의 중심이 됩니다.

외심
변의 수직
이등분선

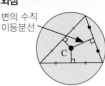

(4) 삼각형의 세 꼭짓점에서 대변에 그은 세 수선(즉, 세 높이)은 한 점에서 만나며, 그 점을 **수심**(垂心, orthocenter)이라고 부릅니다.

수심
꼭짓점에서
대변에 내린
수선

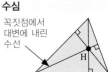

(5) 삼각형에서 한 꼭짓점에 있는 내각의 이등분선과 다른 두 꼭짓점에 있는 외각의 이등분선은 한 점에서 만나며, 그 점을 **방심**(傍心, excenter)이라고 부릅니다(세 개의 방심이 존재함). 각각의 방심은 한 변과 다른 두 변의 연장선에 접하는 **방접원**(傍接圓, excircle)의 중심입니다.

방심

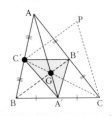

《참고》 정삼각형에서는 외심, 내심, 무게중심, 수심 모두가 일치합니다.

《참고》 한 △ABC에서 무게중심을 찾기 위해 세 변의 중점을 사용하는데, 이 세 중점 A′, B′, C′을 꼭짓점으로 하는 △A′B′C′을 △ABC의 중점삼각형(中點三角形, medial triangle)이라고 부릅니다. 한편, 한 꼭짓점에서 대변의 중점을 잇는 선이 중선인데, 이러한 세 중선들과 각각 평행하면서 길이가 같은 세 변으로 만들어지는 삼각형(예로서 그려 보면 △CC′P)을 중선삼각형(中線三角形, median triangle)이라고 부릅니다. 따라서 중점삼각형과 중선삼각형은 전혀 다른 삼각형을 말합니다. △ABC와 이의 중선삼각형으로 만든 중선삼각형은 닮음비가 4 : 3인 닮은꼴이 됩니다.

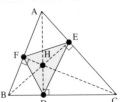

《참고》 한 점 P에서 삼각형의 세 변 또는 그 연장선 각각에 내린 세 수선의 발[수족(垂足)]을 꼭짓점으로 하는 △JKL을, 점 **P**에 대한 수족삼각형(垂足三角形, pedal traingle)이라고 부르고, 수심 H에 대한 수족삼각형인 △DEF를 △ABC의 수심삼각형(垂心三角形, orthic triangle)이라고 부릅니다.

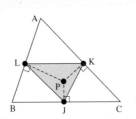

한 삼각형에서 수심(점 H), 무게중심(점 G), 외심(점 C)은 순서대로 일직선을 이루는데, 이 직선을 그 삼각형의 오일러 선(Euler line)이라 부릅니다. 무게중심은 수심에서 외심 쪽으로 2 : 1로 내분하는 점이 되지요.

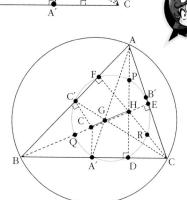

그리고 한 삼각형에서 무게중심과 수심을 그릴 때 나타나는 세 변의 중점(A′, B′, C′), 세 높이의 발(D, E, F)에 해당하는 여섯 개의 점 이외에, 수심에서 세 꼭짓점에 이르는 선분의 중점들이 되는 세 점(P, Q, R)을 추가한 아홉 개의 점은 같은 원(중점삼각형의 외접원)의 둘레 위에 있게 됩니다. 즉, 이 아홉 개의 점은 공원점(共圓點, concyclic points)이 되는데, 이때의 원을 구점원(九點圓, nine-point circle)이라고 부릅니다.

한 삼각형에 대한 구점원의 중심은 오일러 직선($\overline{CGH}$)의 중점과 일치하며, 그 반지름은 외접원 반지름(R)의 $\frac{1}{2}$이라고 증명되어 있습니다. 구점원의 둘레는 수심에서 외접원 위의 점을 잇는 모든 선분을 이등분하게 된답니다(즉, 수심 H가 외접원과 구점원의 닮음의 중심이 됨). 그리고 구점원은 내접원과 내접하고, 세 방접원과 외접합니다.

다음으로 사각형과 원 사이의 관계에 대해 알아보아요.

모든 삼각형에는 내접원과 외접원이 항상 존재하지만, 사각형인 경우에는 내접원과 외접원이 항상 존재하지는 않습니다.

볼록사각형 ABCD에서 네 각의 이등분선이 모두 한 점에서 만나면 그 사각형의 내접원이 존재하게 됩니다. 이 경우에 두 쌍의 대변 길이의 합이 같게 됩니다. 즉, $\overline{AB}$ + $\overline{DC}$ = $\overline{AD}$ + $\overline{BC}$가 됩니다. 사다리꼴, 평행사변형, 마름모, 직사각형, 정사각형 중 마

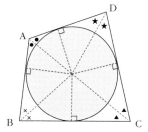
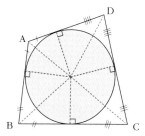

름모와 정사각형은 항상 네 각의 이등분선이 한 점(대각선의 교점)에서 만나므로 항상 내접원을 갖는다는 것을 알 수 있겠죠.

한 볼록사각형의 외접원이 존재하려면 즉, 한 볼록사각형이 어떤 원에 내접하려면, 사각형의 네 꼭짓점 A, B, C, D에 대한 다음의 조건 중 하나를 만족시키면 됩니다.

(1) 마주보는 두 내각의 합이 180°인 사각형
 ∠A + ∠C = 180°, ∠B + ∠D = 180°

(2) 현 정리가 성립되는 네 꼭짓점

$$\overline{PA} \times \overline{PC} = \overline{PB} \times \overline{PD}$$

(3) $\overline{AC} \times \overline{BD} = \overline{AB} \times \overline{CD} + \overline{BC} \times \overline{AD}$ (톨레미의 정리)가 성립하는

네 꼭짓점 A, B, C, D

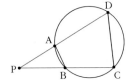

(4) 할선 정리가 성립되는 네 꼭짓점

$$\overline{PA} \times \overline{PD} = \overline{PB} \times \overline{PC}$$

〈참고〉 넷 이상의 점들이 한 원의 둘레에 있을 때, 이 점들을 공원점(共圓點, concyclic points)이라고 부릅니다. 일직선 위에 있지 않는 세 개의 점(삼각형을 이룸)은 항상 한 원(외접원)의 둘레에 있지요.

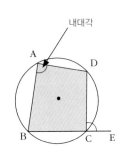

사각형에서 한 외각에 이웃한 내각과 마주보는 내각을 그 외각의 내대각(內對角, interior opposite angle)이라 하는데, 원에 내접하는 사각형에서는 한 외각과 그 내대각의 크기가 같습니다.

$$\angle DCE(외각) = \angle DAB(내대각)$$

이는 앞의 조건 (1)과 동일한 뜻입니다.

심화 나비 정리(butterfly theorem)

한 원 O에서 현 $\overline{PQ}$가 있고 그 중점 M을 지나는 두 현 $\overline{AB}$와 $\overline{CD}$가 있습니다. $\overline{PQ}$가 $\overline{AD}$, $\overline{BC}$와 만나는 점을 각각 X, Y라 할 때, M이 또한 $\overline{XY}$의 중점도 된다는 정리를 그림과 같은 나비의 모양에서 **나비 정리**라고 부릅니다.

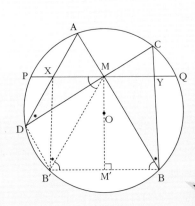

M이 $\overline{XY}$의 중점임을 증명하려면, 즉 $\overline{XM} = \overline{MY}$임을 증명하려면 두 점 X와 Y가 M을 지나는 어떤 선에 대해 선대칭임을 증명하면 됩니다. 그림과 같이 B를 지나고 $\overline{PQ}$에 평행인 직선이 원 O와 만나는 점을 B'이라 하면 $\overline{OM}$과 $\overline{PQ}$가 수직이므로 $\overline{OM'}$와 $\overline{B'B}$도 수직입니다. 즉, △MB'B는 선분 $\overline{MM'}$에 대칭인 삼각형입니다. 따라서 ∠MBB' = ∠MB'B입니다.

사각형 ADB'B가 원 O의 내접사각형이므로 ∠ADB' + ∠ABB' = 180°입니다.

또한 ∠ABB' = ∠MBB' = ∠XMB'(엇각)으로부터 사각형 XDB'M에서도 ∠ABB' + ∠XMB' = 180°가 됩니다. 따라서 점 X, D, B', M이 한 원 위에 있게 되어 ∠XB'M = ∠XDM = ∠YBM(∵ 큰 원의 호 AC에 대한 원주각)이 됩니다.

결국, ∠XB'B = ∠YBB'이 되어 사각형 XB'M'M과 사각형 YBM'M이 대칭축 $\overline{MM'}$에 대한 선대칭도형이 됩니다. ∴ $\overline{XM} = \overline{MY}$.

66 다시 사형수 도도

감히 마계공작
매그너스를 조롱해?

흥분을
가라앉히시죠. 다시
봉인 당하여 영원한
잠에 빠지기
싫다면….

마계공작을 상대로 조금도 기죽지 않네~!

크리스티나 님은 정말 대단해!

하나~

끝꺽

매그너스 님보다 더 무섭다~!

생각해 보았어요. 세상을 지배할 힘이란 뭘까….

꽈 격

내가 마법스킬을 가르쳐 준다니까!

아뇨!

세상을 지배할 힘이란 마법스킬 따위가 아니라 세상을 뒤집고 파괴하고 압도할 수 있는 어마어마한 에너지의 원천일 테죠!

씨익

뿌직 즉

대체 네가 원하는 게 뭐지?

〈혼돈의 탑〉을 원해요!!!

불가르ー!

간질 간질

죄송해요. 어찌나 심하게 괴롭히던지….

태초의 혼돈 속에서 마계가 탄생할 때 함께 나타난 마물을…

매그너스 공작 가문에서 대대로 관리해 오고 있다고 불가르가 친절하게 설명해 주더군요.

불가르가 그 말은 안 하던가?

하늘이 무너지는 한이 있어도 매그너스는 너 따위에게 혼돈의 탑을 넘기는 일은 없을 거라고!

했어요! 헛꿈 꾸지 말고 그냥 마법스킬이나 몇 가지 배워서 실속 챙기라고…

이런 말 아시나요?

최고급 제과점의 생크림 케이크를 알아 버린 아이는 더 이상 엄마가 만들어 준 찐빵에 만족하지 못한다!

도도의 깜짝 OX퀴즈 〈66화-1〉

네 개 이상의 점들이 한 원 위에 있을 때, 이 점들을 공원점이라 부릅니다.

혼돈의 탑을 소환해요.
거절하면 봉인의
주문을 외우겠어요!

소용없어. 매그너스 님이
혼돈의 탑을 부를 리 없지.
그럼 우린 다시
잠 속으로 빠져들겠지?

좋다,
크리스티나!

정답   O (해설은 워크북 8쪽)

매그너스 님…?!

크리스티나의 뜻대로 일이 진행되고 있어!

어지간히도 자기 싫은가 보다!

궁금하네요. 불과 하루 전까지만 해도 단호했던 매그너스 님이~

이토록 간절히 인간계에 남고 싶으신 이유가 뭘까?!

진심으로 충고한다. 다시 생각해라!

혼돈의 탑은 마계의 원로들조차 두려워하는 마물이야. 네가 다룰 수 있는 물건이 아니라고!

그냥 마법스킬이나 배우라니까!

크리스티나 님, 이 문제는 신중히 생각해야 할 것 같아요.

신중이고 뭐고, 당장 포기하고 돌아가요~. 네?

날 걱정해 주는 여러분의 배려에 눈물이 앞을 가리네요.

그래도 내 마음은 변하지 않아요. 혼돈의 탑을 원해요!

맘대로 해라. 어차피 넌 그 안에 들어가지도 못할 테니까.

좋아,
소환해 주지!

이럴 수가….

어떡해~.

아…

머지않아 넌 지금
이 순간을 피눈물
흘리며 후회하게
될 거다!

의외로 말이 많으시네요.
서둘러 주시겠어요?
제가 성질이 급한
편이라~!

주제 파악도
못하는 돌머리!!

츠즉

칙

도도의 깜짝 OX퀴즈 〈66화-2〉

둔각삼각형의 외심은 그 둔각삼각형의 내부에 있습니다.

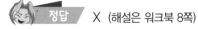

시간 가는 줄
모르고 놀았네…

허둥
지둥

참 묘한 애야…

빨그레

인사도 없이
사라진 것도
그렇고…

슥

40권
돌발퀴즈
당첨자

천현준 | 경기도 수원시, 김민수 | 전북 군산시, 심민재 | 경기도 양평군,
정주영 | 서울시 강북구, 이화령 | 인천시 연수구

어떡해~. 도도를 까맣게 잊고 있었네~!

뭐 하다 이제 와?

아, 그게…

갑자기 없어지면 어떡해?! 어디 갔었어?

어떻게 된 거냐면…

김현중 | 경기도 성남시, 최현빈 | 서울시 강동구, 심아론, 부산시 사상구 | 김준표 | 경남 창원시, 최재웅 | 경기도 안산시

카일!!

오안네스가 떠났어!

뭐?

모든 설명을 듣고 난 후

고백할 생각이었는데….

무슨 고백?

 지승훈 | 충남 천안시, 박주아 | 경남 창원시, 김민영 | 서울시 동작구, 전대욱 | 서울시 양천구, 홍채원 | 경기도 오산시

그건 너희가 알 필요 없잖아ー!

그, 그래.

너무 슬퍼하지 마.

다시 만날 수 있을 거야.

아니야. 영원히 못 만난다고 그랬어.

말도 안 돼! 오안네스가 어디 있는지 아는데 왜 못 만나?

웬 쪽지지?

윤준서 | 경북 안동시, 김호정 | 대전시 중구, 박준서 | 경기도 안양시,
김세아 | 서울시 성북구, 장고운 | 전남 여수시

티어, 나 가출한다!

왜 그래?!

어, 언니가 가, 가출을…!

뭐?!

왜 가출했대?

꿈을 꿨대.

뭐?

카악 님께
니힐 사제님의 생사를
묻는 기도를 올린
그날 밤…

카이저의 만점 괄호퀴즈 〈66화-3〉

삼각형의 5심 중에서, 원의 중심과 관련된 것에는
(㉠), (㉡), (㉢)이 있습니다.

꿈을 꾸었단다.

카악 님이세요?

오냐.

네 기도는 들었다.

니힐의 생사를 묻는 질문이라면 나도 잘 모른다.

감사합니다. 제 질문에 대답해 주세요~. 네?

 정답　　㉠ : 내심, ㉡ : 외심, ㉢ : 방심　(해설은 워크북 8쪽)

왜냐하면 그는 삶과 죽음의 경계 위에 있기 때문이야!

그게 무슨 말씀이세요?

절반은 살고, 절반은 죽은 상태라고나 할까….

무슨 말씀인지 더 모르겠어요.

핑~

세상엔 네가 모르는 것이 많단다.

후ㅡ

니힐 사제님을 살려 주세요! 카악 님은 그렇게 하실 수 있을 거예요, 그렇죠?

엉엉~

니힐을 살릴 수 있는 사람은 내가 아니야.

그럼 누구죠?

깨어나서 거울을 봐라. 내 마법력으로 거울 속에 그 사람의 얼굴을 띄워 주마.

거울! 거울이 어디 있지?

아무도 안 떠오르는데?!

카악 님이 거짓말하셨을 리도 없고….

거울 속엔 내 얼굴밖에….

한 삼각형에 대한 구점원이 무엇인지 설명해 보세요.

결국 난 깨닫고야 말았어.
니힐 사제님을 살릴 사람은 나,
이데아라는 걸!

열심히 기도해서
니힐 사제님을 살려 낼 거야!
날 믿고 기다려 줘.

두둥-

 정답 삼각형의 각 변의 중점(3개), 각 꼭짓점에서 대변에 내린 수선의 발(3개), 수심에서
각 꼭짓점을 잇는 선분의 중점(3개), 합해서 아홉 개의 점들이 모두 한 원 위에 있게 되는데,
그 원을 구점원이라 부릅니다. (해설은 워크북 8쪽)

수녀원에 들어가자!
니힐 사제님이 살아
돌아오는 그날까지
밤낮으로 기도하는 거야.

잠시 후

이게 무슨 날벼락이야?! 오안네스가 떠나자마자 이번엔 이데아 언니가 가출하다니…!

끄응

갸웃

이거, 이거 예감이 안 좋아!

불행은 세 번 온다란 말도 있잖아. 무슨 일이 또 터질지…

시끄러!!

뻐럭

쿠룽

이 새벽에 누구지?

+ 160

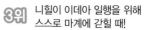

누구세요?

신임 탤리시장
〈휩〉이라 하오.

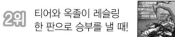

아, 새로운 탤리시장님이 오셨다는 소식은 들었습니다.

죄송해요. 엔젤릭 데이 준비하느라 찾아뵙지도 못하고…

괜찮소.

들어오세요. 아침식사를 대접하겠습니다.

아니오. 공무집행차 온 것이기 때문에 식사는 사양하겠소.

공무집행이라면…?

 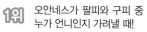

벨더 시장님은 참 다정한 분이셨는데, 이분은 냉정하신 것 같아.

사건 기록을 보니 이런 게 있더군.

수학도둑 도도를 체포하여 사형에 처하려 했으나 노바 가문의 특별한 요청이 있어 넘겨주었다…

이게 사실이오?

네…

어처구니가 없군. 노바 가문이 무슨 권리로 죄수를 데려간 거지?

다음권 ★예고★

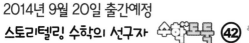2014년 9월 20일 출간예정

스토리텔링 수학의 선구자

수학도둑 ㊷

홀수달 20일에 만나요!

법의 집행을
가로막은 건가?

아, 그건요…

난 벨더 시장과는
다르오! 법대로
하겠소!

도도를 체포해!

넵ㅡ!

이게 무슨
짓입니까?

공무집행을 방해하면
너희도 공범으로 체포하겠다!

뭘 꾸물거려?!

도도를 어떻게
할 거죠?

당연한 것 아닌가?
법이 정한 바에
따라…

흐

사형에
처할 것이다!

 난 수학도둑이 아니에요…!

수학도둑 ㊷ 권을 기대해 주세요!

행운의 애독자 당첨자를 소개합니다

(당첨자에게는 서울문화사의 단행본 한 권을 8월 10일까지 보내 드립니다.)

 풀리지 않는 수학문제! 여 박사님께 물어보세요!

질문 1 어떤 수부터 시작하여 일정한 값만큼 작아지는 규칙으로 자연수를 나열하려고 합니다.

첫째, 셋째, 다섯째 수의 합이 141이고, 둘째, 넷째, 여섯째 수의 합이 132일 때 나열할 수

있는 수는 최대 몇 개입니까? – 고진현 (경기도 남양주시 창현초등 4학년)

 첫째 수를 a, 작아지는 일정한 값을 d라고 하면 처음 여섯 개의 수는 $a, a-d, a-2d, a-3d, a-4d, a-5d$입니다.

$$a + (a-2d) + (a-4d) = 141 \quad\Big|\quad \text{에서} \quad 3a-6d=141 \quad\Big|\quad \text{이 되어}$$
$$(a-d) + (a-3d) + (a-5d) = 132 \qquad\qquad 3a-9d=132$$

$3d=9$, $d=3$이고 $a=53$이 얻어집니다. 즉 첫째 수가 53임을 알 수 있습니다.
자연수는 0보다 크므로, 53부터 3씩 작아지면서 0보다 작아지기 바로 직전까지 나열됩니다.
즉 $53 \div 3 = 17\cdots2$에서 알 수 있듯이, 53부터 2까지 $17 + 1 = 18$(개)의 수가 나열됩니다.

질문 2 세 자연수 36, N, 90의 최대공약수가 18이고 최소공배수가 540일 때 N의 값을 구하세요.

– 정채웅 (대구광역시 수성구 동원초등 5학년)

 $36 = 18 \times 2$, $N= 18 \times x$, $90 = 18 \times 5$로 나타낼 수 있습니다.
$540 = 18 \times 2 \times x \times 5$에서 $x = 3$이 구해집니다. 그러므로 $N = 18 \times x = 18 \times 3 = 54$입니다.

질문 3 A, B, C 세 수가 있습니다. A + B + C = 5이며, A는 B의 $1\frac{1}{2}$배이고 C는 B의 $2\frac{1}{2}$배라고

합니다. A – C의 값을 구하세요. – 진희원 (서울특별시 중랑구 중곡초등 6학년)

 $A = \frac{3}{2} \times B$, $C = \frac{5}{2} \times B$입니다. $A + B + C = \frac{3}{2} \times B + B + \frac{5}{2} \times B = 5$에서 $5 \times B = 5$이므로 B = 1
입니다. 따라서 $A = \frac{3}{2}$, $C = \frac{5}{2}$가 되어 $A - C = \frac{3}{2} - \frac{5}{2} = -1$입니다.

질문 4 오른쪽 각 문자에 들어가는 숫자를 구하세요.

(단, 다른 문자끼리는 숫자가 다르고, 0~9까지의 10개의 숫자를 모두 사용함)

– 임시온 (서울특별시 강서구 등원중등 1학년)

```
  F O R T Y
+   T E N
+   T E N
  S I X T Y
```

40 + 10 + 10 = 60을 영어로 나타낸 재미있는 덧셈식입니다. 일의 자리 덧셈에서
Y + N + N = Y 또는 Y + N + N = 10 + Y임을 알 수 있는데 이로부터 N = 0 또는
N = 5입니다. 만일 일의 자리에서 N = 5라면, 받아올림이 생겨 십의 자리에서 1
+ T + E + E = T 즉, $1 + E + E = 0$이 되는데 좌변은 홀수, 우변은 0이 되어
불가능한 경우가 됩니다. 따라서 N = 0이어야만 됩니다. 일의 자리에서 받아올림이 없으므로,
십의 자리 덧셈에서 T + E + E = T 또는 T + E + E = 10 + T가 되는데 T + E + E = T이라면 E도 0
이 되어 N = 0과 중복 사용되기 때문에 E = 5일 수밖에 없습니다. 다음으로 I가 앞에서 사용한 0이
될 수 없으므로 1이 되어야만 합니다. 따라서 O = 9입니다. 그리고 $1 + R + T + T = 20 + X$이지요.
S = F + 1을 이용하면 나머지 문자들의 값을 어렵지 않게 찾을 수 있습니다.

```
  2 9 7 8 6
+     8 5 0
+     8 5 0
  3 1 4 8 6
```

167 +

20

수학도둑 41권 **출간기념**
캐릭터 컵 타기 이벤트

Quiz

〈수학도둑〉은 홀수 달 ○○일에
만날 수 있어요!

**주요 서점
8년 연속
베스트셀러**

응모 방법
애독자엽서 20이벤트 퀴즈의 ○○안에
들어갈 숫자를 쓴 뒤 보내 주세요.

응모 기간
2014년 7월 20일 ~ 2014년 9월 10일까지

당첨자 발표
〈수학도둑 42권〉(2014년 9월 20일 발행)

선물 발송
2014년 10월 10일까지

※ 머그컵의 디자인은
변경될 수 있습니다.

〈수학도둑 1-30권〉 기본편

권수	영역	학년
1~5권	수와 연산, 도형과 측정, 문자와 식	초1-6, 중1
6~10권	측정, 규칙성과 함수, 문제해결, 도형, 수와 연산	초2-6, 중1
11~15권	도형, 문제해결, 규칙성, 수와 연산, 함수, 확률과 통계	초3-6, 중1-2
16~20권	도형, 수와 연산, 측정, 확률과 통계, 함수, 문자와 식	초2-6, 중1-2
21~25권	수와 연산, 도형, 확률과 통계, 문자와 식, 측정, 함수	초3-6, 중1-3
26~30권	도형, 수와 연산, 규칙성, 함수, 문자와 식, 확률과 통계	초5-6, 중1-3

〈수학도둑 31권부터〉 심화편

권수	영역	학년
31~35권	수와 연산, 문자와 식, 측정, 도형	초1-6, 중1-2
36권	확률과 통계	초3-6, 중1-2
37권	수와 연산	초3-6, 중1-2
38권	수와 연산	초4-6, 중1-2
39권	측정	초5-6, 중1
40권	문자와 식	초2-6, 중1-3

20이벤트에
응모하러 가자!

👑 대한민국 〈아동만화〉의 대표 주자
서울문화사가 전하는 빅 뉴~스 3가지!

1

〈코메〉와 〈보물섬〉이 짝수달 20일에 독자 여러분을 찾아갑니다!

〈코메〉와 〈보물섬〉이 짝수달 20일에 독자 여러분을 찾아갑니다.
흥미진진한 스토리와 멋진 그림, 유익하고 재미있는 정보로
독자 여러분께 행복을 드리겠습니다.

〈코메 73권〉과 〈보물섬 19호〉는 8월 20일에 출간됩니다.

© 2003 NEXON Korea

2

〈수학도둑〉과 〈한자도둑〉이 홀수달 20일에 나옵니다!

〈수학도둑〉과 〈한자도둑〉이
홀수달 20일에 독자 여러분과 만납니다.
재미있는 스토리와 멋진 그림, 완성도 높은 콘텐츠로
독자 여러분께 큰 기쁨을 드리겠습니다.

〈수학도둑 42권〉과 〈한자도둑 시즌2_ 5권〉은 9월 20일에 출간됩니다.

© 2003 NEXON Korea

3

쿠키들의 신 나는 세계여행 〈쿠키런 어드벤처〉가 홀수달에 나옵니다!

만화와 사진으로 배우는 세계문화 생활상식만화 〈쿠키런 어드벤처〉가
홀수달에 독자 여러분을 찾아갑니다. 1권 〈영국〉 런던, 2권 〈중국〉베이징,
3권 〈프랑스〉 파리에 이어 4권 〈미국〉 뉴욕 편이 7월에 출간됩니다.
글로벌 리더를 위해 특별 기획된 〈쿠키런 어드벤처〉를 만나 보세요~!

〈쿠키런 어드벤처 4권〉 미국 뉴욕 편은 7월에 출간됩니다!

©2014 Devsisters Corp. All Rights Reserved.

 서울문화사 아동기획팀 책과 함께 재미있고 유익한 상상의 세계로 출발~!

한자+도둑 시즌2와 함께 초등교과어휘 완전 정복!!

★재미 업! ★학습 콘텐츠 업!

★ 더욱 탄탄해진 〈한자도둑〉 시즌2 학습 콘텐츠 ★
한자 학습 3 격파 시스템!

1 초등한자 격파!
다양한 난이도의 1,000자 초등한자 익히기

2 실용 단어 격파!
초등한자를 이용한 실용 단어 활용하기

3 실전 문제 격파!
교과서 한자어 속뜻 학습지로 한자와 한자단어 최종 점검하기

= 초등한자 + 초등교과어휘 완전정복!!

시대별 변화와 특징을!!
핵심개념 100가지로 한 권에 쏙쏙!

2017년 수능 한국사 필수과목으로 확정!

1~4권

선사 시대 ~ 통일 신라와 발해

구석기, 신석기, 청동기, 철기, 고조선,
고조선 이후 여러 나라들, 고구려, 백제, 신라,
가야, 통일 신라, 발해, 후삼국 통일

5~9권

고려 시대 ~ 조선 시대

고려의 발전, 고려의 대외 항쟁, 공민왕의 개혁,
고려 문화, 조선의 건국과 발전, 제도와 문화,
훈구파와 사림파, 조선 전기의 사회와 문화,
임진왜란과 병자호란, 변화하는 농촌과
서민 문화의 발달, 실학, 조선 후기의 종교 변화

10~13권

근대사 ~ 대한민국

흥선대원군, 강화도조약, 임오군란, 갑신정변,
동학운동, 갑오개혁과 을미사변, 아관 파천,
대한제국, 을사조약, 일제의 식민 통치와 3.1 운동,
대한민국 임시정부, 6.25 전쟁, 이승만, 박정희 정부

* 12권, 13권은 근간 출간 예정

* 각 권 : 9,500원

초등·중등 교과연계! 한국사능력검정시험 완벽 대비!

5단계 학습시스템!!

한국사 학습만화
재미만점! 한국사깨치기

2

핵심개념 콘텐츠
알짜정보! 핵심다지기

3

OX & 짤막 & 괄호퀴즈
개념탄탄! 한국사퀴즈

4

한국사시험 실전테스트
완벽대비! 책속워크북

5

그림으로 보는 〈역사도둑11〉 핵심정리
한눈에 쏙쏙! 역사 브로마이드

한국사가
쉽고 재미있어지는
〈역사도둑〉!

서울문화사 빅뉴스

500만 독자가 선택한
스토리텔링 수학의 선구자 〈수학도둑〉과
속뜻 풀이로 한자가 쉽고 즐거워지는 효과 만점 〈한자도둑〉을
집에서 편하게 만나세요~!

*행복한 상상력이 가득한 〈코믹 메이플스토리〉와 종합학습만화지 〈보물섬〉도 정기구독이 가능합니다.

〈수학도둑〉, 〈한자도둑〉,
〈코믹 메이플스토리〉에
〈보물섬〉까지
편하게 만나 봐!

정기구독 안내

20% 할인된 특별한 가격으로 1년 동안
〈코메〉, 〈보물섬〉, 〈한자도둑〉, 〈수학도둑〉 정기구독을 신청하세요~!

	상품명	정가	특별할인가 (20% 할인)	출간일
A	수학도둑 (총 6권)	~~57,000원~~ →	45,000원	홀수달 20일
B	한자도둑 (총 6권)	~~58,800원~~ →	47,000원	홀수달 20일
C	코믹 메이플스토리 (총 6권)	~~57,000원~~ →	45,000원	짝수달 20일
D	보물섬 (총 6권)	~~58,800원~~ →	47,000원	짝수달 20일
E	수학도둑＋한자도둑	~~115,800원~~ →	81,000원 (30% 할인)	홀수달 20일

*수학도둑 9,500원 / 한자도둑 9,800원 / 코믹 메이플스토리 9,500원 / 보물섬 9,800원　*출간일은 사정에 따라 변경될 수 있습니다.

★ 추가 혜택 ★
두 가지 이상의 상품을 신청할 경우, 추가로 10% 할인 혜택을 드립니다.
총 30% 할인된 금액으로 간편하게 신간을 받아 보세요!(기존 정기구독 독자 포함)

★ 신청 방법 ★
(2가지 중 택일)
1. 전화　**정기구독 담당자**에게 전화하여 〈이름/연락처/주소/입금자명〉을 말씀해 주세요.
그리고 해당 구독료를 아래의 입금 계좌로 입금해 주세요.
입금 계좌 국민은행 815-01-0257-341 예금주: (주) 서울문화사
2. 온라인　www.mlounge.co.kr 로 접속해 상단의 정기구독을 클릭해 주세요.

★ 주의사항 ★
*주소가 변경된 경우에는 출간일 10일 전까지 **정기구독 담당자**에게 전화해
새로운 주소와 전화번호를 알려 주세요. *과월호 주문은 불가합니다.

★ 신청전화 ★　02-3785-0908

문제 1

영역 — 도형   능력 — 창의사고력/의사소통력

맨홀(manhole)과 그 뚜껑은 보통 원 모양으로 만들어져 있는데, 이는 뚜껑이 절대로 구멍 속으로 떨어지지 않도록 하기 위한 것이지요. 여기서 원이 아니면서 구멍 속으로 떨어지지 않는 다른 모양을 찾을 수 있을까요? 또한 공공시설에서 '十'자 나사못 또는 '一'자 나사못으로 고정시킨 장치를 사람들이 동전 또는 나사돌리개(드라이버)로 풀어서 가져가는 것을 막기 위해 나사못 머리에 다른 모양의 홈을 팔 수 없을까요? 위의 두 경우 모두의 해결책으로, 〈그림 1〉과

〈그림 1〉

〈그림 2〉

같은 모양으로 맨홀과 그 뚜껑을 만들거나, 〈그림 2〉처럼 나사못 머리에 이 모양으로 홈을 파는 방법이 발견되었습니다. 이 모양을 정폭삼각형(定幅三角形, triangle with constant width) 또는 뢸로 삼각형(Reuleaux triangle)이라 하는데, 정삼각형의 세 꼭짓점에서 각각 대변쪽으로 원호를 그려 만든 도형입니다. 정삼각형의 한 변이 10일 때, 이 정폭삼각형의 둘레를 구해 보세요. 또한 정오각형의 한 변이 10일 때, 정폭오각형(뢸로 오각형)의 둘레도 구해 보세요.

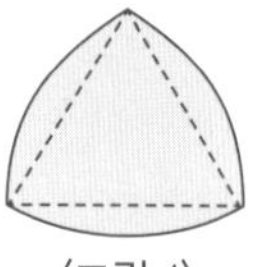

서술기준

* 반지름이 10인 원에서, 정삼각형의 한 내각인 60°가 중심각이 되는 호의 길이를 구합니다.
* 반지름이 10인 원에서, 정오각형의 한 내각인 180°의 $\frac{1}{3}$이 중심각이 되는 호의 길이를 구합니다.

문제 2

영역 — 도형   능력 — 원리응용력

밑면의 반지름 $\overline{AO}$ = 20cm이고 모선 $\overline{VA}$ = 120cm인 직원뿔이 있습니다. 모선 $\overline{VA}$를 4등분한 점 B, C, D 중에서 점 D를 출발한 후에 원뿔을 <u>한 바퀴</u> 돌면서 점 B로 내려오는 최단거리를 구해 보세요. 또한 점 D를 출발하여 원뿔을 <u>두 바퀴</u> 돌면서 점 B로 내려오는 최단거리도 구해 보세요.

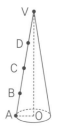

서술기준

* 원뿔의 전개도를 그려 생각하는데 그 전개도가 부채꼴이 되는 것을 설명합니다.
* 두 바퀴 도는 경우에는 전개도 두 개를 이어 붙여 생각합니다.
* 직각삼각형에 대한 피타고라스 정리를 이용합니다.

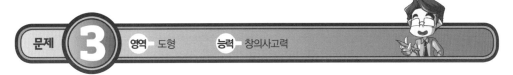

문제 3 영역 - 도형 능력 - 창의사고력

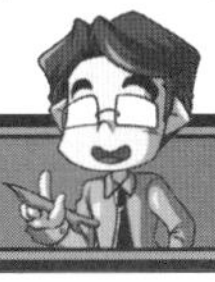

오른쪽 그림은 쌓기나무로 쌓은 모양을 위, 앞, 옆에서 본 그림입니다. 쌓기나무가 가장 적었을 때와 가장 많았을 때의 개수를 구하세요.

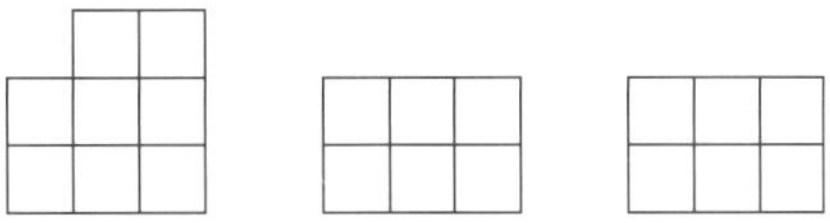

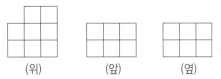

(위) (앞) (옆)

서술기준

- 쌓기나무에서는 아래층에 쌓기나무가 있어야 그 위층에 쌓기나무가 쌓아질 수 있습니다.
- 2층에 놓이는 쌓기나무의 개수가 최소 또는 최대가 되는 경우를 각각 설명합니다.

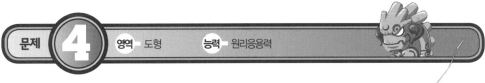

문제 4 영역 - 도형 능력 - 원리응용력

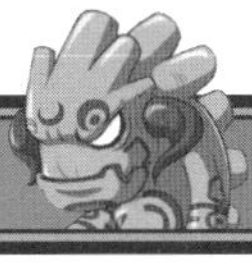

사각형 ABCD가 한 원에 내접하고, 직교하는 두 대각선의 교점이 점 P입니다. 사각형 ABCD의 넓이를 구하세요.

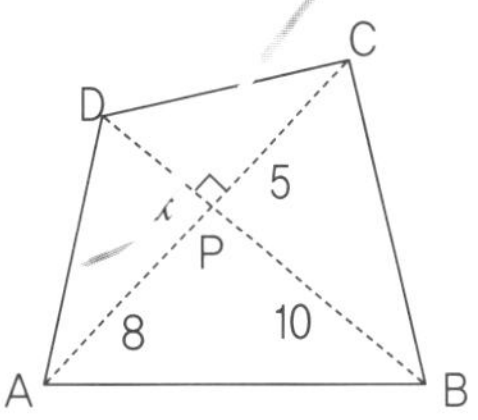

서술기준

- 원에 내접하는 사각형에 대한 현 정리를 설명합니다.
- 직교하는 두 대각선의 길이로 사각형의 넓이를 구하는 것을 설명합니다.

오른쪽은 구글의 웹 부라우저인 크롬(chrome)의 로고입니다. 바깥쪽의 환형(고리 모양)은 세 가지 색인 붉은색, 노란색, 초록색으로 삼등분되어 있고, 그 경계를 이루는 선분은 가운데 원의 접선(접점은 P)입니다. 붉은색 영역의 넓이를 구하세요. (원주율 π는 $\frac{22}{7}$로 사용함)

오른쪽은 한 정사각형의 $\frac{3}{4}$에 해당하는 한글 자음 기억(ㄱ) 모양의 도형입니다.

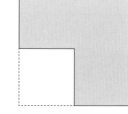

(1) 이 도형과 닮은 모양으로 4등분, 9등분, 16등분, 25등분하세요.

(2) 이 도형과 닮지는 않았지만 합동인 도형으로 각각 2등분, 3등분, 8등분, 12등분하세요.

워크북 문제와 퀴즈 풀이 및 정답

문제 1

〈뢸로 오각형〉

뢸로 삼각형에서 한 내각이 60°이므로 한 호의 길이는 $2 \times 10 \times \pi \times \frac{1}{6}$이고, 호가 3개이므로 뢸로 삼각형의 둘레는 $2 \times 10 \times \pi \times \frac{1}{6} \times 3 = 10 \times \pi$가 됩니다. 뢸로 오각형에서도 한 내각이 108°이므로 중심각 $108° \times \frac{1}{3} = 36°$에 대한 호의 길이는 $2 \times 10 \times \pi \times \frac{36°}{360°} = 2 \times \pi$입니다. 5개의 호가 있으므로 $2 \times 5 \times \pi = 10 \times \pi$가 뢸로 오각형의 둘레가 됩니다.

〈참고〉 뢸로(Franz Reuleaux)는 19세기 독일의 공학자이었습니다. 위의 사실을 일반화하면 일정한 폭 L을 갖는 뢸로 다각형(정'홀수'각형에서 얻어짐)의 둘레는 항상 $\pi \times L$이 된다는 것을 알 수 있습니다. 이 사실을 프랑스 수학자의 이름을 따서 바르비에의 정리(Barbier's theorem)라고 부릅니다.

문제 2

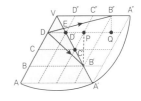

밑면의 둘레가 40πcm이고, 모선이 반지름인 원의 둘레가 240πcm이므로, 원뿔의 전개도에서 부채꼴의 중심각이 $360° \times \frac{40\pi}{240\pi} = 60°$가 됩니다. 즉, 그림에서 색칠된 부분은 한 변이 120cm인 정삼각형이 되지요. 한 바퀴 돌면서 점 D에서 점 B로 가는 최단거리는 직각삼각형 DPB'의 빗변인 $\overline{DB'}$이 됩니다.

$\therefore \overline{DB'} = \sqrt{60^2 + (30\sqrt{3})^2} = \sqrt{6300} \fallingdotseq 79.4$(cm)

두 바퀴 돌면서 점 D에서 점 B로 가는 최단거리는 직각삼각형 DQB''의 빗변이 됩니다.

$\therefore \overline{DB''} = \sqrt{105^2 + (15\sqrt{3})^2} = \sqrt{11700} \fallingdotseq 108.2$(cm)

참고로 두 바퀴를 도는 경우에, 점 D에서 출발하여 오히려 더 위로 올라가면서 한 바퀴를 돌아 점 E에 도달한 후, 다시 점 B까지 한 바퀴 더 도는 경로가 최단거리가 된다는 사실에 주의하세요.

문제 3

〈최소의 개수일 때〉

위에서 본 그림에서 1층에는 8개의 쌓기나무가 있음을 알 수 있습니다. 2층에서, 앞에서 본 그림과 옆에서 본 그림이 모두 꽉 차게 되면서 가장 적은 개수가 되려면 쌓기나무가 대각선을 따라 쌓아져야 합니다.(물론 각 열과 행에 하나씩만 있도록 쌓아져도 됨) 그러므로 8(개) + 3(개) = 11(개)가 최소의 개수가 됩니다. 그리고 최대 개수는 1층과 2층 모두 8개씩 있을 때이므로 16개가 됩니다.

문제 4

사각형 ABCD가 한 원에 내접하므로 현 정리 $\overline{AP} \times \overline{PC} = \overline{BP} \times \overline{PD}$가 성립합니다. 그러므로 $8 \times 5 = 10 \times \overline{PD}$에서 $\overline{PD} = x = 4$입니다. 대각선이 직교하는 사각형의 넓이는 $\frac{1}{2} \times$ (두 대각선의 길이의 곱)이므로 사각형 ABCD의 넓이는 $\frac{1}{2} \times 14 \times 13 = 91$이 됩니다.

퀴즈 1

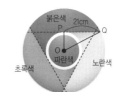

(환형의 넓이) = (바깥쪽 원의 넓이) – (안쪽 원의 넓이)

$\quad = \pi \cdot \overline{OQ}^2 - \pi \cdot \overline{OP}^2 = \pi \cdot (\overline{OQ}^2 - \overline{OP}^2)$

$\quad = \pi \cdot \overline{PQ}^2$(직각삼각형 OPQ에 대한 피타고라스 정리)

$\quad \cong \frac{22}{7} \times 21^2$(cm²)

환형에 나타난 세 가지 색의 넓이는 똑같습니다.

그러므로 (붉은색 부분의 넓이) $\cong \frac{22}{7} \times 21^2 \times \frac{1}{3} = 22 \times 21 = 462$(cm²)

〈참고〉 큰 원과 작은 원의 반지름을 말해 주지 않고 접선의 길이만 주어졌으므로 이를 확장하여 생각해 보면, 중앙의 작은 원이 점으로 변해도 된다는 생각을 해낼 수 있지요. 이렇게 되면, 환형의 넓이는 반지름이 21cm인 원의 넓이가 된다는 사실을 추측할 수 있답니다.

퀴즈 **2**

(1) 주어진 도형과 닮은 도형으로 등분한 그림입니다.

〈4등분〉

$$\frac{3}{4} \div 4 = \frac{3}{16}$$

〈9등분〉

$$\frac{3}{4} \div 9 = \frac{3}{36}$$

〈16등분〉

$$\frac{3}{4} \div 16 = \frac{3}{64}$$

〈25등분〉

$$\frac{3}{4} \div 25 = \frac{3}{100}$$

(2) 주어진 도형과 닮은 도형은 아니지만 각각 합동인 도형으로 등분한 그림입니다.

〈2등분〉

$$\frac{3}{4} \div 2 = \frac{3}{8} = \frac{1}{4} + \frac{1}{8}$$

〈3등분〉

$$\frac{3}{4} \div 3 = \frac{1}{4}$$

〈8등분〉

$$\frac{3}{4} \div 8 = \frac{3}{32} = \frac{1}{16} + \frac{1}{32}$$

〈12등분〉

$$\frac{3}{4} \div 12 = \frac{1}{16}$$

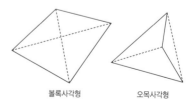

🔑 본문 캐릭터 수학 퀴즈

61화-1

직선 l과 m이, 평행하면 $l \mathbin{/\!/} m$처럼 나타내고, 직각으로 만나면 즉, 직교하면 $l \perp m$처럼 나타냅니다.

61화-2

일반적으로 n각형의 내각의 합을 구하는 공식이 $(n-2) \times 180°$입니다. 왜냐하면 n각형은 $(n-2)$개의 삼각형으로 분할될 수 있기 때문입니다.

61화-3

〈정답〉 ㉠ : 볼록, ㉡ : 오목

〈해설〉 다각형에서 이웃하지 않는 두 꼭짓점을 잇는 선이 대각선입니다. 다각형에서 오목한 부분이 있으면, 다각형의 내부에 포함되지 않는 대각선이 있게 됩니다.

볼록사각형　　　오목사각형

61화-4

〈정답〉 점, 선, 면, 각 또는 이들이 모여서 이루어진 모양을 도형이라 부르는데, 2차원의 평면도형과 3차원 공간도형이 있습니다. 도형에 관한 정의, 공리, 정리 등을 포함한 여러 성질을 연구하는 학문이 기하입니다.

〈해설〉 2차원 평면도형에는 다각형, 원 등 넓이를 갖는 도형이 포함되며, 3차원 공간도형에는 부피를 갖는 입체도형이 포함됩니다. 초등학교 교과과정의 한 영역인 도형 영역은 중·고등학교 과정에서 기하 영역이라는 이름으로 바뀌지요.

62화-1

삼각형에서는 세 쌍의 대응변의 길이가 각각 같으면 합동이 되지만, 사각형에서는 그렇지 않습니다. 네 변의 길이가 똑같은 두 마름모에서도 합동이 되지 않지요.

62화-2

$n = 2 \times m$인 정n각형에서는 도형의 중심을 사이에 두고 마주보는 두 꼭짓점을 잇는 m개의 선과 마주보는 두 변의 중점을 잇는 m개의 선, 모두가 대칭축이 됩니다. 그러므로 $2 \times m = n$개의 대칭축이 찾아지지요. n이 홀수인 정n각형에서는 한 꼭짓점과 마주보는 변의 중점을 잇는 선이 대칭축이 되므로 n개의 대칭축이 찾아집니다. 그러므로 정n각형의 대칭축은 n개입니다.

62화-3

〈정답〉 180(°)

〈해설〉 점대칭도형은 대칭의 중심 주위로 돌리면 처음 도형과 완전히 겹쳐지게 됩니다. 만일 두 합동인 도형이 대칭의 중심에 대해 점대칭이 되면, 두 도형을 '점대칭의 위치에 있다'고 말합니다.

62화-4

〈정답〉 문제에서 볼록육각형이 되어야 한다라는 조건은 없었습니다.

〈해설〉 볼록육각형인 경우에는 작은 육각형이 큰 육각형 안에 항상 포함되지요.

63화-1

한 평면 위에서 두 직선이 만나지 않으면 평행한 경우가 됩니다. 그러나 공간에서는 두 직선이 만나지 않으면 평행한 경우 이외에 꼬인 위치에 있는 경우가 될 수 있습니다.

63화-2

공간에서 두 평면이 만나지 않는 경우는 두 평면이 평행한 경우뿐입니다.

63화-3

〈정답〉 10000(cm³)

〈해설〉 닮음비가 $m:n$인 두 입체도형의 부피의 비는 $m^3:n^3$입니다.

그러므로 두 원뿔의 부피의 비는 $1^3:10^3 = 1:1000$이 되어 큰 원뿔의 부피는 10000cm³가 됩니다.

63화-4

〈정답〉 한 모서리와 그 모서리와 만나지 않는 모서리의 중점을 포함하는 면이 대칭면이 됩니다. 따라서 6개의 모서리가 있으므로 6개의 대칭면이 찾아집니다.

〈해설〉 오른쪽 그림에서 한 모서리 $\overline{AD}$와 이 모서리와 만나지 않는 모서리 $\overline{BC}$의 중점 E를 포함하는 평면이 정사면체 ABCD의 대칭면이 됩니다. 그러므로 한 모서리에 대칭면이 하나씩 대응되고 6개의 모서리가 있기 때문에 6개의 대칭면이 찾아집니다.

64화-1

모든 면이 합동인 정다각형이면서 각 꼭짓점에 모인 면의 개수가 모두 똑같아야만 정다면체가 됩니다. 정5각뿔의 옆면이 모두 정삼각형일 때, 이 정5각뿔 2개를 밑면이 맞닿게 붙이면 정삼각형 10개로 만들어진 10면체가 되지만 정10면체라 부를 수 없답니다. 왜냐하면, 각 꼭짓점에 모인 면의 개수가 모두 같지 않기 때문이죠.

64화-2

정다면체에는 정4면체, 정6면체, 정8면체, 정12면체, 정20면체의 다섯 종류만 있습니다.

64화-3

〈정답〉 정12면체

〈해설〉 정5각형이 한 꼭짓점에 모일 수 있는 개수는, 정5각형의 한 내각이 108°이므로 3개인 경우뿐입니다. 이 경우에 정12면체가 됩니다.

64화-4

〈정답〉 오각뿔에는 면이 6개, 모서리가 10개, 꼭짓점이 6개가 있으므로 6 + 6 − 10 = 2가 성립합니다.

〈해설〉 다면체(볼록다면체)에서 면의 개수, 모서리의 개수, 꼭짓점의 개수들의 관계를 나타내는 공식을 '오일러의 다면체 정리'라고 부릅니다. 오목다면체 중에는 오일러의 다면체 정리가 성립하지 않는 것이 있답니다.

65화-1

다면체에서 모서리를 따라 적당히 자르면 그 겉면을 평면으로 펼쳐 그릴 수 있습니다. 이 펼친 그림이 전개도(net)인데, 전개도의 넓이가 그 입체도형의 겉넓이가 되는 것입니다.

65화-2

전개도란 모서리나 모선을 따라 잘라내어 평면으로 그릴 수 있는 입체도형의 펼친 그림을 말합니다. 구는 어떻게 자르더라도 평면으로 펼칠 수 없기 때문에 구의 전개도는 없습니다.

65화-3

〈정답〉 평면도

〈해설〉 쌓기나무의 위에서 본 그림, 앞에서 본 그림, 옆에서 본 그림은 각각 순서대로 투영도의 평면도, 정면도, 측면도에 해당됩니다.

65화-4

〈정답〉 위에서 본 그림에 개수를 써 넣은 바탕그림이 $\frac{2|2}{2|2}$, $\frac{2|2}{2|1}$, $\frac{2|2}{2|1}$, ⋯, $\frac{1|2}{2|1}$, $\frac{2|0}{0|2}$ 중의 하나이므로 최소의 개수는 4개입니다.

〈해설〉 문제에서 제시된 앞에서 본 그림과 옆에서 본 그림이 똑같이 $\boxed{}$가 되는 경우를 바탕 그림으로 모두 나타내면 다음과 같습니다. $\frac{2|*}{*|2}$ 또는 $\frac{*|2}{2|*}$(여기에서 *는 각각 0, 1, 2 중의 하나가 될 수 있음) 그러므로 두 개의 *가 모두 0일 때, 최소의 수효 4개가 됩니다.

66화-1

일직선 위에 있지 않는 세 점은 항상 한 원 위에 있게 됩니다.(삼각형의 외접원) 그러나 네 점인 경우에는 항상 한 원 위에 있지는 않습니다. 만일 한 원 위에 있게 되면 그 점들을 공원점(共圓點, concyclic points)이라고 부릅니다. 참고로, 한 직선 위에 있는 점들을 공선점(共線點, collinear points)이라 부르고, 한 점에서 만나는 직선들을 공점선(共點線, concurrent lines)이라고 부르는 것을 알아 두세요.

66화-2

삼각형에서 세 변의 수직이등분선은 모두 한 점에서 만나게 되는데 그 점이 그 삼각형의 외심이 됩니다. 예각삼각형의 외심은 예각삼각형의 내부에, 직각삼각형의 외심은 빗변 위의 중점에, 둔각삼각형의 외심은 둔각삼각형의 외부에 있게 됩니다.

66화-3

〈정답〉 ㉠ : 내심, ㉡ : 외심, ㉢ : 방심

〈해설〉 삼각형의 5심 중에서, 내심은 내접원의 중심, 외심은 외접원의 중심, 방심(3개)은 방접원(3개)의 중심을 뜻합니다. 무게중심과 수심은 원의 중심과 관련되지 않습니다.

66화-4

〈정답〉 삼각형의 각 변의 중점(3개), 각 꼭짓점에서 대변에 내린 수선의 발(3개), 수심에서 각 꼭짓점을 잇는 선분의 중점(3개), 합해서 아홉 개의 점들이 모두 한 원 위에 있게 되는데, 그 원을 구점원이라 부릅니다.

〈해설〉 구점원을 오일러 원 또는 포이에르바하 원이라고도 합니다. 한 삼각형에서 세 변의 중점, 세 꼭짓점에서 대변에 내린 세 수선의 발, 수심에서 세 꼭짓점을 잇는 세 선분의 중점, 모두를 합한 아홉 개의 점들은 모두 한 원의 둘레에 있게 됩니다. 이 원을 주어진 삼각형의 구점원이라 부르는데, 이 원은 삼각형의 내접원과 내접하고, 세 방접원과 동시에 외접합니다.

오답노트

✚ 〈수학도둑 41권〉 워크북

문제1	문제2	문제3	문제4	퀴즈1	퀴즈2

★ 〈수학도둑 41권〉 워크북을 풀어 본 결과를 ○, ×로 체크하고 틀린 곳은 다시 한 번 풀어 보세요!